小学语文+
生活融合实践研究

主编▶ 万红云　吴晓容

重庆大学出版社

图书在版编目（CIP）数据

小学语文+生活融合实践研究 / 万红云，吴晓容主编
.--重庆：重庆大学出版社，2022.8
ISBN 978-7-5689-3501-2

Ⅰ.①小… Ⅱ.①万…②吴… Ⅲ.①小学语文课—
教学研究 Ⅳ.①G623.202

中国版本图书馆CIP数据核字（2022）第144364号

小学语文+生活融合实践研究
XIAOXUE YUWEN+SHENGHUO RONGHE SHIJIAN YANJIU

主编 万红云 吴晓容
策划编辑：范 琪
责任编辑：杨育彪 版式设计：范 琪
责任校对：邹 忌 责任印制：张 策

*

重庆大学出版社出版发行
出版人：饶帮华
社址：重庆市沙坪坝区大学城西路21号
邮编：401331
电话：（023）88617190 88617185（中小学）
传真：（023）88617186 88617166
网址：http://www.cqup.com.cn
邮箱：fxk@cqup.com.cn（营销中心）
全国新华书店经销
重庆升光电力印务有限公司印刷

*

开本：720mm×1020mm 1/16 印张：10.75 字数：170千
2022年8月第1版 2022年8月第1次印刷
ISBN 978-7-5689-3501-2 定价：68.00元

编委会

主　　编：万红云　吴晓容
副 主 编：向思洁　冉娅妮　张华军　宋　丹
　　　　　胡宝玲
编　　委：冯　艳　刘朝珍　郑　静　黄红敏
　　　　　段美贵　施朝梅　包　娟　谭孙妤
　　　　　陈　娟　刘　睿　黎晨晨　李欣睿
　　　　　瞿　炼　谢青竹　李欢丽　何莎莎
　　　　　谭林松　张文静　佺春岷　胡　静
　　　　　胡钟灵　李　萍　李　念　李　婧
　　　　　谭晓泉　余　佳

序言

　　生活教育是教育界一直以来探讨和研究的话题。美国实用主义哲学家、教育家约翰·杜威就曾提出"教育即生活，学校即社会"这一观点，给美国带来了一场颠覆式的教育理念革命。随后，陶行知根据中国的国情，创造性地提出了生活即教育、社会即学校、教学做合一的"生活教育"体系。在此背景下，语文学科与生活教育的相关研究也逐渐进入大家的视野。

　　20 世纪 80 年代，顾黄初先生对于语文和生活的关系的看法是"语文教学改革，关键在于贴近生活。这是'根'"。当代著名教育家刘国正先生提出了"语文生活观"的思想，他认为生活是产生种种思想的源泉，是发展语文能力的基础，要把语文基本训练中的听说读写跟学生的生活联系起来。李镇西的"生活语文"观点，不单指语文教学应注重与生活的联系，以及指导学生在生活中学习并运用语文，还包括教师在教学中要引导学生将语文学习与陶冶灵魂、磨炼思想、完善人格结合起来。

　　《义务教育语文课程标准（2011 年版）》也多处涉及语文与生活的联系，在课程基本理念中阐述了要注重语文与生活的结合，使学生具有适应实际生活需要的识字写字能力、阅读能力、写作能力、口语交际能力。在课程设计思路上再次强调了加强语文课程与生活的联系，促进学生语文素养全面协调发展。

　　由此可见，关于语文与生活的融合是教育界认可并推崇的，美国教育家华特就曾精辟地指出："语文学习的外延与生活的外延相等。"语文是一门具有极强的人文性与综合性的学科，同生活有着密不可分的必然联系。教师在教授语文时应该是与学生进行生命的互动交流，而学生的生命体验与其生活感受是息息相关的，因此，以生活世界为依托，进行生活化语文教育探索，对学生成长、社会发展及教育理论与实践的发展都有着极为重要的价值。

　　在这些生活教育理论的指导下，玉带山小学的"城市小学生活教育"的校本探索构建了一套完整的课程体系，在此背景下，玉带山小学以"基于生活融合的城市小学语文学科育人策略研究"为题申报了 2021 年重庆市教育学会立项重点课题。为了使课题顺利推进，玉带山小学在语文学科与生活融合的探索道路上做出了一系列努力，并打造出了诸多亮点。

其一，全校的统筹整合。玉带山小学在承担学校教育共性的基础上，主动探索与创造，经过 26 年教育教学改革创新实践的系统总结，学校以陶行知生活教育思想为指导，开展"生活教育"的校本实践。学校语文学科以国家课程为依据，以"生活融合"为路径，通过创新性、序列化、开放式设计，构建了小学"生活·融合"的课程体系，形成了以国家课程校本化实施的"学科融合生活课程"和校本课程特色化实施的"生活融合学科课程"的课程体系，从"语文学科实践融合""语文学科拓展融合""语文学科自主融合"三个维度构建了语文与生活的关联。

其二，全员的动态性参与。在全校生活教育课程体系规划下，语文学科与生活融合序列性开展。学校成立课程发展中心，管理、指导语文学科与生活融合的相关事务；联系课程指导专家，学习课程融合指导经验，安排全体语文教师参与语文融合生活课程系列培训，提高一线教师课程融合理论水平；语文教导主任分年级对接教研组长，指导各年级语文融合生活课程建设。一线教师以年级为单位成立语文融合课程建设团队，开展学情分析，针对各年级学生的认知规律和兴趣需要，制定语文融合课程规划，推进语文学科与生活融合的实施与评价，促进学校的生活教育课程体系发展，满足学生成长需要。

其三，全方位的实践路径。为持续推进语文学科与生活的融合，玉带山小学采取了全面性的实践路径。首先学校充分考虑社区环境、校园文化发展状况和当地学生的发展需要，确立了以生活融入语文学科和学生协同发展为中心的课程目标价值取向；在语文学科与生活融合的课程内容选择上，各年级精选出蕴含教育价值、满足学生的需求和兴趣、与学校实际相结合的内容，制定语文学科生活手册，并采用补充拓展形式、素材转换形式、主题呈现形式相结合的方式进行内容组织；在实际的实施过程中丰富教学形式，采用"五位一体"的教学方式，实现语文学科与生活整体共生共融。建立生活情境下"1+1+1"学生语文学科学业评价体系，践行评价主体的开放性、评价内容的全面性、评价方式的动态性。

玉带山小学学科与生活融合的课程实践一直在路上，本书是"基于生活融合的城市小学语文学科育人策略研究"课题的成果集，在探索和行动中，课题组对该课题进行了整理、反思和提炼，可以说本书是玉带山小学语文学科融合课程建设的阶段性总结。

在本书中，编者将语文学科分为拼音与识字、阅读、表达、评价四个维度，从语文教育论文、语文教学案例、语文教学设计和语文教育故事入手，分别探索了各自与生活的系统融合和关联。既有宏观层面的理论，也有中观层面的数据支撑，还有微观层面的案例设计和分析，深刻、全面地体现了生活化对语文学科育人功能实现的促进作用，也为一线教师从生活化的角度促进语文学科育人功能的实现提供了实践的参考。可喜这本书籍的出版，盼继续深入研究。

编者

2021 年 12 月

目 录
CONTENTS

重庆市教育学会立项重点课题   001

    基于生活融合的城市小学语文学科育人策略研究课题   002

第一章　拼音、识字与生活   011

   第一节　拼音、识字与生活融合的必要性   012

   第二节　拼音、识字与生活融合的策略研究   015

    统编版教材中汉语拼音生活化教学探微   015

    生活教育理论指导下的低年级识字策略探究   018

   第三节　拼音、识字与生活融合实施案例   022

    联系生活，降低拼音教学难度   022

    在生活场景中实施识字教学   026

    藏在生活中的拼音与识字教学   029

    基于生活的小学低段识字教学

    ——以部编版语文一年级《影子》为例   032

    有趣的生活识字教育故事   035

在生活中识字，其乐无穷 038

第二章 阅读与生活 041

第一节 阅读与生活融合的必要性 042

第二节 阅读与生活融合的策略研究 044

浅谈小学语文阅读教学与生活实践融合方法 044

第三节 阅读与生活融合的实施案例 047

基于生活背景的儿童诗歌教学 047

如 果 051

我想变成一只鸟儿 052

浅析生活中的小学低段阅读 054

对比阅读："阅读走向生活"的有效路径之一 057

让阅读教学融入生活

——《找春天》教学例谈 060

引导学生寻找课本和生活的联系 063

基于"小学语文阅读教学与生活融合"的案例设计

——以人教版小学语文五年级下册《刷子李》教学为例 068

阅读教学中，联结生活之感悟 072

第三章 表达与生活 075

第一节 表达与生活融合的必要性 076

第二节 表达与生活融合的策略探究 079

浅谈习作教学与生活融合的策略 079

以生活为地基，赋予习作拾级而上的力量 084

浅析生活语境中口语交际的指导策略 090

第三节 表达与生活融合的实施案例 093

如何在生活中寻找永不枯竭的作文素材 093

让课堂对接真实的生活

——统编版语文四年级下册第二单元口语交际《说新闻》教学

案例　　　　　　　　　　　　　　　　　　　　　96

关于新闻关注度的调查问卷　　　　　　　　　　　97

以教材为衔接点　打通生活与习作的双通道

——部编版五年级上册六单元读写结合指导案例　　101

生活语境下的习作指导

——人教版小学语文四年级下册第二单元习作"我的心里话"教学

案例　　　　　　　　　　　　　　　　　　　　　104

"生活中观察"是习作的好帮手

——生活中的"观察"教学案例　　　　　　　　　107

还原生活，真实交际

——统编版教材一年级上册第六单元口语交际《用多大的声音》教

学设计　　　　　　　　　　　　　　　　　　　110

生活真实情境下的习作教学尝试

——统编版小学四年级上册第六单元习作"记一次游戏"教学

设计　　　　　　　　　　　　　　　　　　　　　114

聚焦生活，让口语交际真实发生

——我的口语交际教学小故事　　　　　　　　　119

习作与感恩"联姻"　　　　　　　　　　　　　　122

习作源于生活

——习作教学中的"灵动"点滴　　　　　　　　　125

第四章　评价与生活　　　　　　　　　　　　　　　129

第一节　语文教学评价与生活融合的必要性　　　　130

第二节　语文教学评价与生活融合的改革　　　　　133

注重生活融合的"1+1+1"学科育人评价改革　　　133

"乐评第一站"，让评价走向生活

——小学一二年级学业水平评价探索　　　　　　142

第三节　语文教学评价与生活融合的实施案例　146

在生活中进行小学生综合素质评价的尝试

——玉带山小学一年级学生的期末评价活动设计　146

回归生活　快乐评价

——玉带山小学"乐评第一站"二年级活动设计　151

附　录　155

生活教育中的成长战"疫"

——重庆市江北区玉带山小学疫情期间"停课不停学"线上教学

纪实　156

重庆市教育学会立项 重点课题

基于生活融合的城市小学语文学科育人策略研究课题

一、课题核心概念的界定

（一）生活融合

"生活融合"是基于马克思主义实践观、胡塞尔生活世界理论、杜威生活教育理论、陶行知生活教育思想，所提出的语文课程改革的探索方向和实践内容。具体而言，"生活融合"就是打通儿童的学科世界与生活世界，将生活还给教育，让教育走向生活，形成一种教育与生活互相促进、彼此依存的良性互动。

（二）语文与生活融合

语文与生活融合是指将语文教学植根于生活之中，开拓语文教学的生活资源，丰富语文教学的方式，提升学生的生活体验。具体而言，可分为"从语文走向生活"和"从生活走进语文"两个维度。

1. 从语文走向生活

课程是学校教学的科目和进程的总和，是学校教育的重要形式。所谓"从语文走向生活"，就是基于"课程即生活"的重要理论，对语文学科的课程内容、课程教学、课程评价等进行探索和改革。一方面将儿童所需学习的语文知识更加具象生活化，另一方面则是识别儿童的各种生活需要，进行课程内容、课程教学、课程评价的改革，以生活为导向开展、评价儿童的语文学习，做到知行合一。

2. 从生活走进语文

生活世界是儿童最为重要的成长空间，包孕了众多的教育教学资源。所谓"从生活走进语文"，就是指进行儿童生活中的语文课程资源开发，对儿童熟悉的生活元素、生活场景、生活文化等加以筛选、整合与构建，最终以语文学科知识的形式，让儿童在学校学习中，实现由生活感性经验向学科理性认识的蝶变，真正达到语文知识从生活中来，又能更好地服务于生活的教学目标。

（三）学科育人

学科育人是学科本质的应有之义，学科知识和学科教学的育人功能体现在构建"人—知"互动关系中，把知识引入学生生命，实现知识内蕴对于学生成长的价值。学科育人具体指某学科的课程内容除使学生学习某些学科知识和技能外，还要促进学生心智能力、情感态度等方面的发展。学科育人就是着重解决如何通过学科教学把知、情、意、行统一起来。语文学科育人就是指在语文教学中，全方位地塑造人、培养人，在语文教学中不仅要重视知识的传递，而且要重视语文学科本身育人价值的发挥。本课题力图构建具有语文与生活融合的学科育人模式，即在语文与生活融合的育人思想指导下，构建具有系统性、整体性的学科育人方法和对策。

二、课题意义及研究价值

（一）课题意义

1. 促进语文教育理论的发展

语文作为一门独立学科，有独特的理论发展体系，其本质是通过语文学习促进人完整而全面的发展。因此，研究语文学科育人价值既是对学科价值和教育本体功能的回归，又可以作为以语文教学设计、语文课程开发和教学方式为研究对象的语文课程与教学论的理论逻辑起点，不断完善我国基础教育语文课程与教学改革的理论基础，也为语文育人功能的完善提供理论支撑。

2. 促进语文学科育人价值的实现

本研究通过深入挖掘语文学科所蕴含的育人价值，详细调查了当前语文学科育人的现状，并针对存在的问题，提出语文与生活融合的语文学科育人策略，为我国基础教育语文课程与教学改革提供指导，并为小学语文教师深刻理解语文学科育人价值、实践育人过程提供建议，具有一定的实践意义。

3. 增强生活化对实现语文学科育人功能的促进作用

本研究在理论上探讨了生活化促进语文学科育人功能实现的可能性，也在实践上探讨了其现实性，从宏观层面的理论到中观层面的数据支撑，再到微观层面的案例设计和分析，体现生活化对语文学科育人功能实现的促进作用，也为一线教师从生活化的角度促进语文学科育人功能的实现提供了实践参考。

4. 丰富城市小学语文生活教育资源的开发

本研究提出生活与学科相融合的学科育人策略，教育学科知识来源于生活，生活教育的资源是具有开放性的，其包含各种有形或无形的资源，城市小学应从学校、家庭、社区三个维度出发，开发利用周围的语文生活教育资源，最大程度提高学科育人的实践效果。

（二）研究价值

1. 学术价值

一是解读语文学科育人的内涵、特点和使命，丰富语文教育理论，探索新时期城市小学语文学科与生活融合的价值意蕴。

二是通过分析语文学科与生活的融合，厘清生活化在语文学科育人实践中的实施价值，探索构建基于生活融合的城市小学语文学科育人模式的理论框架。

2. 应用价值

一是通过研究城市小学语文学科育人实施路径，探索城市小学语文与生活融合的实践方式，对于推动国家层面语文课程培养目标，探索核心素养的育人目标转化，具有重大的时代价值和鲜明的现实针对性。

二是探索生活化促进语文学科育人功能的实现，对培养学生综合素养，实现语文学科育人目标具有重要的现实意义。

三是分析生活化对语文学科育人功能实现的促进作用，也为一线教师从生活化的角度促进语文学科育人功能的实现提供实践参考。

三、国内外研究现状述评

语文即语言与文字，是人类最重要的交际工具，具有传承人类文化的重要功能。这一本质属性决定了语文与生活密不可分的天然联系，语文教学与生活融合的相关研究也因此成为常谈常新的话题。通过对相关著作、期刊论文、学位论文等文献资料的查阅与梳理，这些研究大致可以划分为："生活化"教育的理论建构；语文教学与生活世界的关系探讨；语文教学与生活融合的问题分析；语文教学与生活融合的育人策略研究。

1. "生活化"教育的理论建构

"生活化"教育是古今中外的研究者持续关注的重要话题。著名教育家夸美纽斯提出"教育是生活的预备"；克伯屈认为"所有富于思想而有意义的生活，都是教育"；杜威更明确提出"教育即生活"的主张。在中国古代，朱熹、王守仁和陆九渊等人倡导的德育实践，亦是对教育和生活密切联系的探讨。到近现代，陶行知则提出"生活即教育"的观点，主张"生活教育以生活为中心，在生活中进行"。时至当代，我国众多学者更创见性地将胡塞尔的"生活世界"理论平移到教育研究领域，提出教育要回归生活世界。郭元祥在此基础上提出了"新生活教育"学说，主张让教育回归人、让人回归生活、让生活回归幸福，共同建设美好社会。诸如此类的观点奠定了教育生活化的理论基础。

2. 语文教学与生活世界的关系探讨

教育学家关于"生活化"教育的理论建构，带动了研究者们对语文教学与生活世界的关系探讨。从20世纪70年代开始，许多语文教育工作者就强烈呼吁语文教育与生活世界的融合，举起了"大语文教育观""生活化语文教学""语文教学生活化""生活教学法"等重要旗帜。张孝纯的"大语文教育观"就主张语文教学不能局限于课堂教学，而应以此为轴心，向学生生活的各个领域开拓延展，使学生接受全面的、整体的、能动的、网络式的和强有力的培养与训练。顾黄初在阐释其"生活化语文教学"的具体做法时认为：语文教学的规律应以实际生活中运用语文工具的规律为依据；语文教学的空间领域应根据实际生活中运用语文工具的众多场合来开拓。李镇西的"语文教学生活化"观点也强调：教师在语文教学的过程中应有机地注入生活内容，让学生在接受语文知识和相关能力训练的同时，也能获得丰富的生活体验。

3. 语文教学与生活融合的问题分析

长期的理论构建与课程改革，使语文教学在生活化视角的关照下，取得了可喜的成绩，但在实际教学中，仍存在一些亟待关注和解决的问题。其中，语文教学的"泛生活化""伪生活化"是众多学者尤为关注的问题。谭秀媛就曾指出，生活化教学注重教学与生活的联系，但一些教师却将生活现象、生活事件过多地引入课堂，严重缩短了学生与文本对话的时间，显现出"生活味"有余但"文学味"不足的弊端。谢津也指出因过分生活化而出现的两大问题：即为了生活化而生活化，出现语文反教育现象；过于重视生活体验，使教师缺乏课程主体意识。这类观点的提出，推动了语文教学生活化向更具理性、更显内涵的方向发展。

4. 语文教学与生活融合的育人策略研究

语文教学与生活融合的育人策略研究，是理论建构与思想争鸣后的最终落脚点。在这一问题上，众多研究者都提出了自己的解决策略。顾黄初针对"如何让语文教学更贴近生活"便提出了三点建议，强调在生活中寻找语文教学的规律，提出利用生活中的众多场合开拓语文教学空间，主张跟随时代的脚步，规划语文教学的未来。李淑芹则提出实现语文教学生活化的五个举措：即树立语文教学生活化理念；在教学中创设教学情境，使学生能够在体验中学习；让学生多次朗读，教师再加以引导，学生有所感悟；勤于观察，从生活细节上进一步认识生活；在教学过程中引导学生感悟生活。

显然，在生活教育理论的引领下，语文教学的生活化得到了广泛的研究，获得了诸多可喜的成就，但与此同时，也显现出一些不足之处。例如，研究者多着眼于宏观的理论架构，缺乏在教学实践层面对语文"教学生活化"的有效指导，这导致语文"教学生活化"与教学实践的脱节，不利于语文"教学生活化"的实践、推广和运用；在研究内容方面，研究者多以理论阐释为主，缺乏来自教学一线的实践调查、典型案例、教学故事等多种形式的支撑。因此，本课题在"生活教育"理论与语文新课程标准的指导下，吸取已有成果的不足之处，着眼于语文与生活融合的学科育人模式研究，力求提升研究的指导性和实践性，为广大一线语文教师提供一些可借鉴的有益建议。

四、研究目标及研究内容

（一）研究目标

1. 理论目标

形成城市小学语文与生活融合的学科育人的理论体系；解读语文学科育人的内涵、特点和使命，提出城市小学语文学科育人的特点。

2. 实践目标

厘清语文与学科融合、学科育人等概念，探究当前城市小学中语文学科育人的实施现状，发现其面临的问题和困境，找出问题的原因；贯彻语文与生活融合的新价值，基于语文与生活融合的实践路径，探索基础生活融合的城市小学语文学科育人策略。

（二）研究内容

（1）城市小学语文与生活融合的学科育人的理论体系研究。对城市小学生活教育进行现有研究的系统化整理和校本化解读，确定城市小学语文与生活融合的教育理念、教育目标、课程结构、教与学方式、实施流程、评价方式、实施主体等体系。

（2）城市小学语文与生活融合的课程操作体系的构建。探索语文学科育人的内涵、特点和使命以及语文与生活融合的内容与特点，厘清生活化与语文学科育人的内在关系。丰富完善"语文学科课程延伸"（即学科＋生活教育）的课程结构，开展语文学科与生活融合的项目化、研究型、合作式学习，有机融合学校教育、家庭教育、社区教育，充分发挥其教育功能。

（3）当前城市小学语文与生活融合的学科育人案例研究。探究当前城市小学语文学科育人的实施现状（理念与实践现状），开展城市小学语文与生活融合的学科育人典型案例研究，发现面临的问题和困境，找出问题的原因，提出风险预判和危机干预措施。

五、研究假设及创新点

（一）研究假设

本研究以陶行知的"生活教育"理论为指导，以全面实现语文核心素养为育人目标，通过建构整体化、序列化、系列化的语文融合生活课程群，将学校教育、家庭教育、社会教育有机融合，打破生活和语文学科的界限，构建语文学科育人课堂新形态，关注教学方式和学习方式的变革，强调过程性的育人评价，让语文实现"从学科走向生活"，实现语文学科育人价值。详见图0.1。

（二）创新点

1.研究视角的创新之处

传统的语文教育基于语文学科知识和学科技能相结合的形式开展，当前时代的变革、课程与教学的改革、语文学科的发展等，对学校语文教育提出了新的价值诉求，基于新的时代要求探索城市小学语文学科育人使命，具有重要的现实针对性。

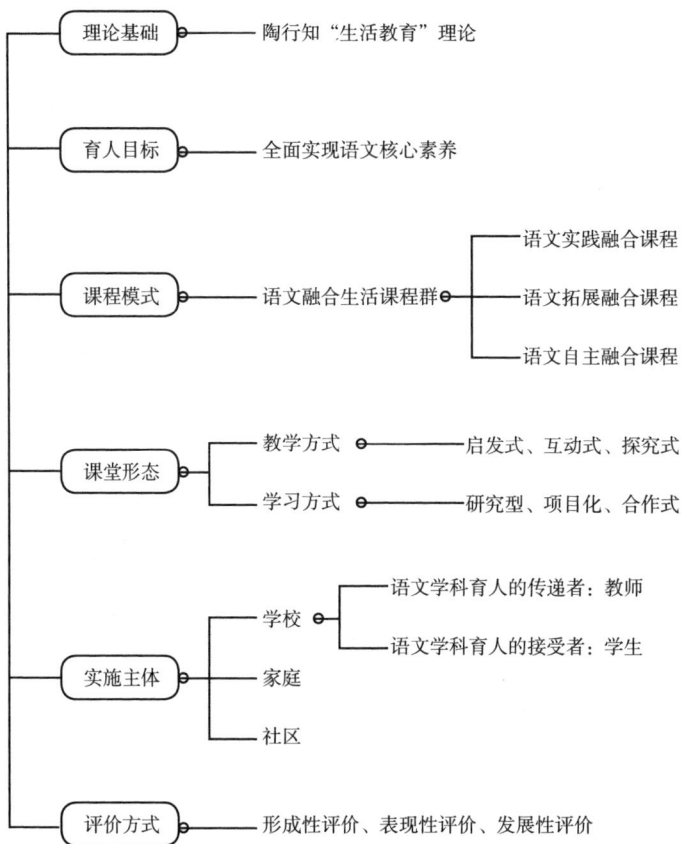

图 0.1 研究假设

2. 研究内容的创新之处

语文教育是现代学校教育的重要组成部分，语文与生活具有密不可分的联系，语文与生活的融合对于语文学科育人的实践具有重要价值，因此探索生活化的语文学科育人实践模式，在实践上，更具实践可行性。

3. 研究方法的创新之处

本研究将突破以往注重思辨的研究传统，在调查研究的基础上，进行个人访谈、试卷测试、实证调查等多种实证研究，将量化的统计分析与质化分析相结合，同时以定性研究对不可量化的、"隐性"的关键影响因素进行补充与深度研究，有效地避免方法单一的不足和弊端。同时联合 5 所市内外的学校协同研究，结合地域性、差异性等因素进行对比深度研究，从而将语文与生活融合的学科育人模式建构在扎实的实证研究基础上。

六、研究思路及研究方法

（一）研究思路

（1）方案形成：收集相关文献资料，分析已有研究方法、研究视角和研究结论。对教师、学生、家长进行调查，分析当前语文学科育人的现状，发现面临的问题和困境，找出问题产生的原因；提出语文与生活融合的学科育人路径，总结语文与生活融合的学科育人模式的实践研究方案。

（2）实践研究：以学校已有生活教育为基础，联合重庆市酉阳土家族苗族自治县民族小学、重庆市云阳县清水土家族九年制学校、吉林省辽源市龙山实验小学、四川省眉山市丹棱县双桥镇小学、湖北省荆门市掇刀区白庙小学 5 所市内外学校开展协同研究。

（3）总结推广：对样本研究结论进行比较分析和讨论，归纳得出研究结论，带动学区学校、"领雁工程"指导学校开县南门镇中心小学等联盟学校整体开展研究实践，辐射市内外更多学校参与研究实践。

（二）研究方法

（1）文献研究法：通过文献梳理，分析其研究方法、思路和结论，构建研究理论起点。

（2）调查研究法：以实地调研为主，辅助线上问卷调查，深入了解当前语文学科育人的现状、存在的问题及可能的解决方案。

（3）行动研究法：依托行政部门、教研机构、评估机构及时修正研究策略，用理论指导实践，在实践研究中不断改进，解决语文学科育人的实际问题，形成语文与生活融合的学科育人思路与育人模式。

（4）案例研究法：从几个具体的融合案例和育人模式出发，系统地进行开发，并对其展开深入研究，形成可操作性的典型案例集。

七、技术路线及实施步骤

（一）技术路线

以文献调查和已有经验为基础，深入学校、家庭、社会开展实践研究，进而印证理论假设。基于实践结论，从理论角度研究高水平、高质量的语文学科与生活融合的学科育人模式的相关问题的可能性及前瞻性，努力实现研究见政策、见平台、见体系、见路径、见成效。详见图 0.2。

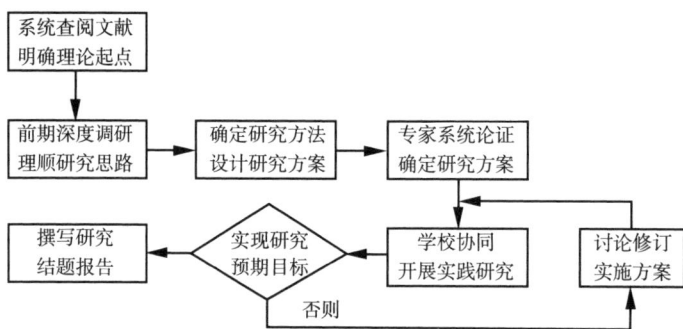

图 0.2　技术路线

（二）实施步骤

（1）前期准备阶段（2021.04—2021.05）收集中外文献进行分析，编制调查问卷，开展调查研究，进行分析整理汇总，制定研究框架，制订研究计划，明确人员分工。

（2）实施阶段（2021.05—2022.05）实施研究，收集资料。开展阶段反馈，及时调整。完成论文写作。

（3）成果形成阶段（2022.05—2022.12）完成调研报告，举行多层小型学术座谈会，推出系列阶段性研究成果，进行中期检查。

（4）申请结题阶段（2023.01—2023.05）完成专著，听取专家意见，完善研究报告，定稿，完成出版，申请结题。

▶ 第一章　拼音、识字
与生活

第一节 拼音、识字与生活融合的必要性

语文教学是让学生在语言实践中学习语文能力、获得生命体验、提高语文能力的活动。语文课程是九年义务教育阶段的基础性课程,工具性和人文性的统一是语文课程的基本特点。这两种特点与生活世界息息相关,语文作为交流工具的产物,是人类物质生活和精神生活的产物,与人们的生产、生活活动紧密相连。因此,掌握和运用语言工具、语言生活语境是语文教育的题中之义。脱离了生活的内容,语文就变成了毫无意义的片段,语文因生活的需要而运用。

汉语拼音是识字和学习普通话的有效工具。拼音教学作为学生学习语文的基础,其不仅在我国小学语文教学中发挥着不可忽视的积极作用,也具有显著的地位。拼音教学既是学生进行语文教学的开始,也是学生学好知识的重要保障;在小学阶段的语文教学中,拼音教学是提升学生语文素养的重要途径,借助拼音教学,可以为学生深入学习语文知识奠定基础,从而为其进行大量的语文阅读做好准备。然而汉语拼音是抽象的,是正音、识字、汉字输入的工具,其本身不是学习的目的,让一年级的小学生学习抽象的东西是比较困难的,要达到熟练就更需要一个比较长的过程。而汉字是具体的,让学生先认读识字,让抽象的汉语拼音在具体的文字中学习并巩固熟练,这既符合小学一年级学生的心智成长过程,也更好地体现了汉语拼音是识字的重要工具这一功能。因此汉语拼音的教学应先教会学生拼读,赋予拼音具体的生活内容,然后与识字相结合,让学生在阅读与识字过程中熟悉音节过程,在运用过程中复习汉语拼音,让汉语拼音不再抽象,从而提高大部分学生学习拼音的积极性。

识字是语文学习的基础,是学生阅读、写作和口语交际的基础,也一直是小学低年级语文教学的重点。识字量将直接影响学生阅读、写作与口语交际的水平,识字时间的早和晚对学生阅读兴趣、阅读能力的培养具有极大的影响。只有认识一定数量的汉字,才能扫清阅读障碍,进行广泛阅读,才能理解文本表达的要义,体会阅读的乐趣。识字也为写作活动提供了丰富的书写符号,为学生自由地表达自己的立场和观点提供了依托。所以,识字教学应该带领学生扎扎实实地学好每

一个汉字，为阅读和写作打下坚实的基础。

教师们在传统的拼读识字教学中积累了丰富的经验，但随着课程改革的深入、部编版教材的使用，也逐步暴露出这些丰富经验中存在的一些问题，如模式化、形式化等。模式化的识字教学流程很乏味，很容易打击学生学习生字的热情，削减他们识字的兴趣。为了尽快地开展阅读，教师往往会想方设法增加学生的识字量。为了快速可能就忽视了学生的适应性、机械集中的识字大大加重了学习负担。僵化的流程、过重的负担很容易使学生产生畏难心理与厌学情绪，制约着教学效率的提高。方法的引导不到位、思维品质训练不到位大大制约着识字效率的提高。低年级将识字作为重点，目的就是让学生习得方法，学会迁移，进而形成能力。识字能力培养效果不理想，对今后阅读与写作，甚至是获取知识的能力都会产生不利影响，制约着其个体的长远发展。基于这些在传统拼音识字教学中存在的问题，教师们更应该做出积极的思考和教学的调整。

教师们深刻地感受到要使学生真正扎扎实实地掌握并得心应手地运用语文这一人生的工具，就必须打破语文与生活之间的壁垒，让语文教学与学生心灵相通，让语文课堂与社会天地接壤，给孩子一片广阔的语文学习天地。

让语文回归生活，让拼音识字教学紧密联系孩子的生活。教学应当尽量给学生创设语言表达的适宜环境，让学生在具体的活动中去学习。在小学阶段，识字教学的目标就是让学生通过课堂教学认识学习生活中必需的汉字，并培养一定的识字能力，发展其本身的汉字实际运用能力，为接下来的阅读教学、写作教学以及语文综合能力的培养奠定必要的汉字基础。因此，"从做中学"在识字教学中是非常值得提倡的。"从做中学"不仅符合儿童认知发展的规律，能有效地促进学生主动投入识记汉字的学习活动中，而且对培养学生独立观察、分析运用汉字的能力发展也有积极的作用。那么如何在"做中学"呢？教师要善用生活资源。生活中处处是可以用来识字的资源，教师要多给学生提供展示识字成果的机会，鼓励学生在生活中学习语文知识，将语文知识应用到生活中去。课堂教学时，教师可以有意识地激发学生识字的主动性，渗透主动识字的意识；有意识地将识字引向生活，引导学生通过多种渠道主动识字，从而逐步形成自主识字能力。让识字教学活在生活中，让孩子切实体会到识字带给自己的变化，孩子体会到快乐才能化被动学习为主动学习。创设生活情境，形成学语文和用语文的良好环境，真正做到在生活中学习语文、在语文中感受生活的有机教学。

第二节　拼音、识字与生活融合的策略研究

统编版教材中汉语拼音生活化教学探微

重庆市江北区玉带山小学校　黎晨晨

摘要： 回归生活，让教学与生活紧密联系，是新课程教学的基本特征。统编版教材中对于生活资源的开发也有了不同程度的改革和体现。其中小学语文拼音部分与以往教材也大有不同：每课有相应的生活情境图；音节带调呈现；每课有相应的词语和儿歌；要求认识一定量的汉字等。笔者将结合课文插图、课文音节、儿歌和词语的分布，挖掘教材中汉语拼音生活化教学的内涵体现。

关键词： 语文教材；汉语拼音；生活化

一、赋能课文插图，发音与"字形"符合儿童生活实际

在统编版教材中，汉语拼音部分，每一课都配有相当精美的插图，通过观察，不难发现这些插图的巧妙用意。

一方面，插图中的典型事物常带有提示字母发音和字母"字形"的功能。低年级学生还处在形象思维的发展阶段，生动形象的图片更能吸引学生的注意力，也更符合儿童的认知特点。通过图音形结合的方法，在形象思维的帮助下，学生能较快地掌握汉语拼音的发音与书写。如大白鹅在水中的倒影有"e"的形状，大白鹅的"鹅"的发音与"e"相似；公鸡打鸣的"喔"的发音与"o"相似；屋顶的形状"w"就和大写"w"的书写相似；等等。

另一方面，插图中的场景是完整的，而不是字母与字母之间割裂的状态，并且字母组合出现的场景也是符合儿童的生活实际的。比如《bpmf》中爸爸和孩子去爬山的场景中，山下还有两个小朋友在玩捉迷藏。这样的场景在孩子的生活中是常见的，也是符合逻辑的。在这样的大场景下，将每个字母藏在插图里："b"是儿子手里的广"播"；"p"是儿子衣服的图案；"m"是小朋友捉迷藏的遮挡物，"f"是爸爸手里的拐杖。《dtnl》融入更具生活化的艺术节；《an en in un ün》融入爸爸妈妈在家看电视的场景；等等。

拼音字母有机融合的插图，充满了故事性，让抽象的字母意义化，更有助于学生记忆发音与"字形"。

二、呈现典型音节，词语拼读适合儿童生活实际

在统编版小学语文教材中，所有的音节都是带声调完整呈现的，而且不管是两拼音节还是三拼音节都是学生生活中的常用词语。可能乍一看，直接拼读会让人觉得加大了学生学习的难度。可是通过分析教材，我们可以发现每一个带调的音节都是有意义的，学生能很快地联想自己的生活实际。比如：《bpmf》中的关于"b"的两拼音节"bǎ""bō""bǐ""bù"，这些音节难度并不大，引导学生联系自己的生活，想一想生活中在哪里听过这样的读音，学生不难想到"一把伞、菠萝、铅笔、布娃娃"等词语。再比如《ao ou iu》中，关于"ao"的三拼音节"tiào""niǎo""shǎo""yào""rào""zǎo"，从中我们也可以发现，这些音节背后所代表的字词，都是有实际意义的字词，是符合儿童生活实际的，而不是空洞的、抽象的虚词。

通过这样形式的训练与学习，能提高学生拼读的速度。不同于以前的"音节数调法""音节定调法"，这是基于"韵母定调法"并结合生活实际的运用，也符合统编版教材"准确拼读"的教学目标而不是以前"熟练拼读"的教学目标，降低了学生的学习难度。

三、多样词语儿歌，语言运用迎合儿童生活实际

与以前集中拼音教学中纯拼音的教学不同，统编版教材在编排拼音部分还增加了相应的识字任务。识字部分，主要分为两个板块：词语和儿歌。

在词语安排上，教材给每一个词语都配有相应的插图，而且每一个词语都是当节课中学习的声母和韵母。每一个词语都是学生生活中的常用词。比如《dtnl》中的"马路""泥土"，《gkh》中的"画画""打鼓"，《jqx》中的"搭积木""下棋"等。不仅包含了生活中的常见事物，还包含了学生喜欢的活动。

在儿歌中，教材从《dtnl》声母学习的第二节课后，每课便增加了一首儿歌。每首儿歌零星地夹杂着当节课学习过的拼读音节，儿歌的内容都相当童趣。比如《dtnl》的儿歌《轻轻跳》："小兔小兔轻轻跳，小狗小狗慢慢跑。要是踩疼小青草，

我就不跟你们好。"《gkh》中的《说话》："小溪流说话，哗哗，哗哗；小雨点说话，沙沙，沙沙；小鸽子说话，咕咕，咕咕……"这些儿歌不仅符合低段儿童的心理认知，而且蕴含了很多的生活常识，寓教于乐。

在拼音部分安排识字内容，也体现了统编版教材对于拼音教学的指向，拼音是一种工具，拼音学习是为了帮助识字，而且是结合生活拼读、识字并在生活中运用，这也是语言学习的重要内涵。

总之，通过分析，我们可知统编版教材汉语拼音生活化教学有很大的指向性。因此在教学中，教师一定要结合生活资源上活拼音课。

参考文献

［1］陈带弟.抓住一年级学生特点 从成长起点做好拼音教学［J］.课程教育研究，2020（20）：26-27.

［2］华玉芬.趣味拼音趣味学：让小学语文课堂更出彩［J］.知识文库，2020（4）：101，104.

生活教育理论指导下的低年级识字策略探究

重庆市江北区玉带山小学校　李欣睿

摘要： 识字教学作为小学语文教学的重要内容，是阅读和写作的基础，对于提高学生的语文能力、提升语文素养等都具有重要的作用。但在实际识字教学过程中，仍存在识字教学方法单一和枯燥等问题。为此，在生活教育理论指导下，采用系统性、灵动化的识字教学方法有利于生动高效地提高学生识字效率与积极性。

关键词： 生活教育；识字教学；识字方法

一、"生活教育"思想的理论基础

1.杜威的生活教育理论

杜威批判传统教育脱离实际生活，并从教育的本质出发提出了"教育即生长、教育即生活、教育即经验的不断改造"的理念，他认为教育的本质是生活，教育是一种社会生活的过程，而学校就是社会生活的一种形式，是"一个小型的社会，一个雏形的社会"。而学校中的教学过程要遵循"从做中学"原则，即从活动中学，从经验中学。

2.陶行知的生活教育理论

师承杜威的陶行知，将杜威的生活教育理论与中国实际国情相结合，由此提出了"生活即教育，社会即学校，教学做合一"的观点。陶行知认为教育的内容囊括了整个生活，生活就是教育，要在生活中进行教育；社会应该被塑造成一个大学校，要把整个社会当成学校；而实施这种生活教育的方法就是"教学做合一"，教和学都必须以做为中心，教与学都应在做中集中体现。

二、小学低年级识字教学现状

在"语文主题学习"中，识字课是必不可少的。"盖文字者，经艺之本，王政之始，前人所以垂后，后人所以识古。"这是许慎对文字下的定义。汉字是中华民族精神文明的象征，是中华民族精神文明传承的载体，数千年来，我国古代先人以文字的形式书写着中华民族的诗篇。《义务教育语文课程标准（2011年版）》中指出，低年级学生需要认识1 800个常用字，并且，至少要会写1 000个汉字。面对如此繁重的任务，如果只是简单枯燥地教学生识字，就会降低学生的识字兴趣，给学生带来巨大的学习压力和沉重的心理负担。所以，在语文主题学习的基础上，在生活教育理论的指导下，以灵动的方式生动高效地教学生识字成为教师当前急需解决的一个问题。

三、"生活教育"理论指导下的低年级识字策略

1. 从课文来，到课外去

在低年级的学生熟悉并掌握拼音之后，就可以开始进行识字教学。教师可以采用"读半截故事"的方法来引导学生主动识字，在刚开始上课时，教师带领学生学习课本中的小故事，用有趣有弹性的语言阅读课本中的故事，在故事最精彩的部分停住，激发学生阅读的欲望，使他们自己主动地借助拼音来识字，鼓励他们大声地朗读出来。在学完一个字或一组词之后，教师鼓励学生立即使用所学的字或词说出一句完整的话，如"春天"，在学完《四季》这篇课文之后，引导学生用"春天"这个词写一句话或几句话，学生们说道："春天来了""我是春天""春天真美"……这不仅提高了学生们对"春天"这个词的认识，还教会了学生如何对学到的字进行应用。

对低年级学生来说，他们认识汉字的数量是有限的，"多读多写"可以加深他们对汉字的印象，如果只是单纯地教学生认识汉字，只能刺激他们的视觉器官，让学生读汉字、写汉字则可以调动他们的言语器官和运动器官，大大提高他们的识字效率。所以，识字教学需要识字与读写齐飞。

2. 让学生增加生活常识

"会意识字"可以改变长期以来用理科学习的方式来学习语文的现状。"会意识字"可以打破传统的"举一反三"的理科学习方式。汉字是表意文字，每一个汉字都有着它自己独特的意义和演变过程。对低年级学生来说，对于"会意"这个概念他们并不了解，但是，在老师的指导下，他们可以对汉字进行"解剖"，了解汉字的组成部分，之后再结合自己的想象力，将汉字的意思推想出来，进而

理解汉字的意思，认识汉字，记住汉字。

以"秋"这个汉字为例，先对其组成部分进行解剖，即"秋"是由"禾"和"火"组成的，再向学生介绍它的小篆形式"𥡼"和甲骨文形式"𤈷"，再引用《说文解字》中对"秋"的解释，"禾谷熟也。"再向学生解释"禾谷熟也"的意思即"庄稼成熟"，也就是在秋天的时候庄稼成熟了。甲骨文中"秋"则表达了两种意思，一种是火烧秋虫，另一种则是火烧秋草。之后，再对学生做另一种解释，即"秋"的形状像蟋蟀，在秋天的时候，蟋蟀会争相鸣叫，所以，古人就用蟋蟀的现象来表示秋天。在对学生进行解释之后，学生就会对"秋"字的内在含义理解得更加透彻，同时，印象也会更深刻，也能更快地熟识含有"秋"字的句子，在举一反三中切实地提高学生的识字能力和语文素养。

3. 建立汉字与科学之间的关系

"理趣识字"可以有效地提高课堂效率。当低年级的学生刚刚接触汉字时，他们会对汉字形成一个初步的印象，对于那些象形字来说，低年级学生会根据它们的外形轮廓进行联想和想象，理解汉字的意思。然而对于那些非象形字来说，教师则需要给学生进行讲解，使学生理解汉字背后的文化，对汉字有更深刻的认识。

对学生进行理趣的识字文化教学，还可以使他们体会到汉字的洋洋洒洒，了解到汉字的演变历程和文化的发展历程，体会到社会文化的进步和发展，为我国古代先人创造出如此动人的汉字而骄傲，为祖国文字的悠远而自豪。比如在学习"火"这一汉字时，可以联系实际生活中有几根木头上面有一堆火苗，让学生通过这种更感性的认知方式来识别汉字。曾经著名教师王美卿设计了一个教学方式，她将一根正在燃烧的蜡烛放进玻璃杯中，在玻璃杯上盖了一块玻璃，此时蜡烛熄灭了。根据这种现象，她再引导出"灭"这个词。只要在火上覆盖东西，火就会熄灭，这种教学方式能够帮助学生更好地理解"火"和"灭"的含义，能够更好地掌握"火"和"灭"字。对于低年级的学生来说，趣味性是引起他们学习兴趣的主要因素之一，当教师用枯燥的语言来教学生识字时，教学效果往往不尽如人意，当教师用风趣幽默的语言教学生识字时，学生会对识字产生浓厚的兴趣，也会更进一步地了解到汉字文化，进而提高学生的识字水平，启发学生的识字智慧。

四、总结

汉字庄重典雅，造型优美，魅力无穷，是中华民族宝贵的知识遗产。对低年级学生来说，识字教育是他们必须接受的最基本教育。低年级学生的识字程度将会对他们之后的阅读学习以及写作学习产生重要的影响，所以，做好"语文主题学习"下的灵动识字教学是非常重要的。在"语文主题学习"下对学生进行灵动识字教学可以使学生在舒适的氛围中轻松地认识汉字，摆脱传统的枯燥无味的识字过程。每一个汉字都有其含义性和独特性，识字教学是一种养书卷气的风度，是一种追根溯源的探索，是一种适合童心的阅读故事。识字教学滋润着中华文化，不断地孕育着中华大地。在"语文主题学习"的指导下，一线教师只要循着有效、有趣的道路，灵活地整合教材，按照不同的主题对其进行总结，找出规律，巩固借鉴，积极探寻新方法，识字教学定会像袅袅琴音一样空谷悠远。

参考文献

［1］约翰·杜威.学校与社会·明日之学校［M］.赵祥麟，任钟印，吴志宏，译.北京：人民教育出版社，1994.

［2］周洪宇，邹伦海.教育大变革：全体全面全程的阳光教育［M］.济南：山东教育出版社，2005.

第三节　拼音、识字与生活融合实施案例

联系生活，降低拼音教学难度

重庆市江北区玉带山小学校　段美贵

一、问题缘起

一年级的孩子是刚离开幼儿园，背上书包踏进小学的小学生，他们本该快乐、无忧无虑地进入小学阶段的学习生活，可是此时在他们的学习路途上出现了一只这样的拦路虎——学习汉语拼音。因为汉语拼音的教学是枯燥的，于是不少孩子和家长在面对拼音的学习时可以说是眉头深皱、焦头烂额，甚至有时还顺带掐掉了孩子初到校园的那一抹无邪的笑容，使学生变得深沉、忧郁、不再爱学习了。然而拼音又是学生学习语文汉字的一条重要途径，对每一个生活在中国的儿童来说又是特别重要的。

今年我再次接手了一年级的教学工作，我就在想：怎么才能让孩子在学习汉语拼音的时候既有效又愉悦呢？当我看到部编版教材的编写思路中提到"重视语言文字教学。紧密联系生活实际"这一条时，我就想：既然语言文字教学可以紧密联系生活实际，拼音教学是不是也可以联系生活实际呢？将拼音教学生活化不就是陶行知先生的教育思想的核心与精华——"生活教育"吗？生活教育是建立在生活的基础上生气勃勃的活的教育。在拼音教学中，以儿童的生活为载体，在儿童的头脑中建立起一座抽象的汉语拼音符号与生活实际之间的桥梁，变拼音的小课堂为生活的大课堂，这样一来，拼音的教学难度不就会降低了吗？在这学期我决定朝这样的方向去试一试。事实证明我的这个思路是可行的。

二、解决策略

（一）拼音生活化，让字母变得简单

在教学拼音字母"a"的时候我进行了这样的设计：借助情境图联系生活，学习单韵母的字形：①出示课文情境图，引导观察：拼音宝宝最喜欢捉迷藏了，它们就藏在这幅图画中。谁来看图说说：图上画的是什么时间段？都有谁？他们在干什么？②指导观察情境图、联系生活，练习说话，于是孩子很快就记住了这些

字母的形。③联系生活：你能编个口诀记住 a 吗？此时学生开始七嘴八舌说开来，诸如"圆脸小辫ａａａ……，大声唱歌ａａａ，张大嘴巴ａａａ……，圆圆脸蛋扎小辫，张大嘴巴ａａａ。"这样一联系生活实际，孩子就很容易记住了字母"a"的形和读音。在后来的其他字母教学中学生联系生活记住了其他的字母：公鸡打鸣ｏｏｏ；白鹅照镜ｅｅｅ；妈妈晾衣ｉｉｉ；乌鸦衔食ｕｕｕ；小鱼吹泡ü ü ü；两个门洞ｍｍｍ；一个门洞ｎｎｎ；一根小棍ｌｌｌ；波浪波浪ｗｗｗ……

把拼音教学生活化，每个字母都变得简单！

（二）拼音生活化，让读音变得准确

对于字母来说，记住形还是比较容易的。可是带上声调、打乱顺序后还要读准确那难度可就不一般了。在攻关这个学习"拦路虎"的时候我进行了这样的尝试。

1. 将带字母的声调生活化

结合传统的拼音教学，联系生活实际，教学时我先带着学生结合教材中的四声调的图体会字母带声调的意义。然后观察：这些声调像生活中的什么？接着通过生活与儿歌结合的方法记住不同声调的读法："一声高高平又平，二声好像下山坡，三声下坡又上坡，四声就像下山坡。"

2. 在生活中找寻带调字母的影踪

同样以"a"的教学为例。为了巩固"a"的四声调的读法、运用，我设计了这样的一个环节：①引导学生结合生活，用带调的a、o、e组词、说句子。"ā阿姨，早上好！ á啊，你说什么？ à啊，多么可爱的小鸟！"②总结声调发音规律。

3. 好的教学质量源于生活的实践

好的教学质量源于生活的实践。所以在教学字母"a"时我还设计了这样一个环节：动动我的肢体，边读边做做它的形状，这样一来，孩子一静一动，在实践中去学习，字母学习便不再是枯燥的，它变得简单、有趣，读准字音也就不再是难题了。

（三）拼音生活化，让学习变得有趣

部编版语文汉语拼音教学中，除了字母，更有整合的情境图。只要留心生活我们不难发现，这些图都可以在生活中找到有趣的故事情境，将拼音学习与学生生活建立联系，充分利用学生的口语基础，有利于发展语言，培养观察能力，可以让拼音的学习变得有趣、高效。这比以前单纯示音或示形的图，蕴含更多的教育价值。如何合理高效地利用情境图？比如：学习"i u ü y w yi wu yu"的时候，我们就要充分利用好整合的情境图。我们可以培养学生的观察力，图上画了哪些人？他们在干什么？我们可以看到在一座屋（u、wu）子前面有一（i、yi）棵大树，树上有一个像u的鸟窝里住着一只乌（u、wu）鸦。大树的旁边，妈妈洗的衣（i、yi）服用衣（i、yi）架挂好，晾晒在了衣（i、yi）杆上，晾晒的衣（i、yi）服前面有一（i、yi）条清清的小溪，一（i、yi）个小男孩趴在溪边欣赏着溪水。溪水里有一（i、yi）只可爱的乌（u、wu）龟，还有一（i、yi）条吐着泡泡的小鱼（ü、yu）。这儿的风景真美丽 ……通过这样的生活情境再现，让学生在观察、说话、生活情境中学习拼音，可以让原本枯燥的拼音变得有趣易懂、易记。

另外，在教学中我还发现：部编版教材的拼写教学安排得丰富多彩，可以把形近字母，放在音节词中辨析；也可以在有趣的活动中边做动作边复习音节，比如教材的第37页有这样一个教学内容：

教学的时候，可以先让孩子自己试着拼读，然后联系生活利用边读边做动作的方法再读。这样一来，既训练了孩子的拼读能力，又将拼音复习生活化，同时孩子对音准也有了很大程度的巩固，可以激发孩子的学习兴趣：原来生活化的拼音其实是很简单的。

当然，将学习拼音与认识生活中的事物相结合，也同样能促进学生思维发展，比如：píng guǒ，学生会联想到红红的苹果；"hēi gǒu"，让学生联想生活中的小狗的可爱，同样可以达到事半功倍的效果。

三、教学思考

学生聪明能干、爱学习是很重要的，可是自信、独立是更为重要的。拼音生活化，让学生变得独立，这就赋予了为人师者一个重要任务：培养学生的自信与独立。在拼音教学中当拼音教学生活化，同样是能更好地培养学生的独立能力的。比如：部编版教材的拼音教学的第 51 页就有这样的设计：

qiū yóu de shí hou　　nǐ xiǎng dài shén me
秋 游 的 时 候， 你 想 带 什 么？

○ mào zi　　　○ shuǐ hú　　　○ píng guǒ

○ tiào qí　　　○ miàn bāo　　　○ shuǐ cǎi bǐ

○ bǐng gān　　○ yǔ sǎn　　　○ wàng yuǎn jìng

教学中可以进行这样的设计：

联系生活，巩固拼读。

（1）过渡：挑战"音节梯"你们成功了。你们赢得了秋游的机会，秋游的时候，想带什么？

（2）指导说话：秋游的时候，我想带——

（3）出示音节词：学生开火车接龙编儿歌。

（4）拓展音节词编儿歌：秋游的时候，除了带上刚才说的这些物品，你还想带些什么呢？

这样的教学环节在巩固拼音拼读的同时，因为与孩子的生活紧密联系，所以也鼓励和培养了孩子的自主、独立能力。

总之，在部编版教材的汉语拼音教学中，我们只有准确把握目标要求，将拼音教学生活化，在具体的生活语境中学习，体现弹性，注重活动和游戏并存、生活与知识共举，就能突破难点，强化在生活中运用学习，学生的快乐学习就指日可待。

在生活场景中实施识字教学

重庆市江北区玉带山小学校　谢青竹

一、问题缘起

"语文是生活的提炼，生活是语文的源泉，生活处处皆语文，语文时时现生活。这是新课改后我们对于语文与生活的关系的重新认知。因而，应该让学生更多地直接接触语文材料，在大量的语文实践中掌握运用语文的规律。"所以，语文学习也应如同语文课程一样，应植根于现实生活。因为语文和生活是不能分割的。

二、解决策略

（一）在生活中学习语文

生活中的语文教会学生字词句。只要你留心，处处皆学问。其实，只要你用心观察，生活中到处有语文知识。生活中的语文如同一位无声的老师，教给学生字词句这些基本的语文常识。走在大街上，精美的大条幅跃然眼前——"做文明市民，创文明城市"。当学生看到文明的"明"字时可能不认识，第一次见会有初步印象，然后可能会听到人们聊天时说到"要做一个讲文明的好孩子"，听人们这样读出来，字形和字音会慢慢吻合上，听的次数多了，见的次数多了，学生对这个字就会读会认了。这样的在生活中学习语文的方法很常见，从开始认识这个字的写法，到当听到有人读它后知道这个字的字音，当再次见到这个字时，也许是在较长时间后，也许是不经意间的，这就是生活的教学方式，在这样的学习中，学生对这个字就掌握了。对于一些词，学生不必查词典，时间久了，生活这位老师会慢慢教会你。如当学生喝完一盒饮料后，会看到"举手之劳做环保"的宣传语，这在许多有外包装的食品盒中常见，当学生一抬手把包装盒扔到垃圾箱中时，他们在抬手之间，突然意会了"举手之劳"的含义。所以，生活处处是语文，生活中的语文能教会孩子生字词。

语文如果脱离了学生的生活实际，就会导致教学效率低下。所以有人提出：语文课堂呼唤生活的回归。只有将语文与生活"链接"，我们的语文才会像生活一样不断掀开新的一页，才会充满不朽的生命力。如何让语文与生活"链接"呢？

我们要不断思考如何开展有关生活化的语文教学，研究如何利用生活资源，提高识字质量。

（二）在语文中感受生活

1. 改善课堂识字环境

课堂识字环境对学生良好的识字活动起着潜移默化的作用，同样识字环境布置得富有特色、有变化，对学生思维的发展及创新意识的启蒙有着画龙点睛的妙用。要改善课堂识字环境，我们可以先从教室的布置着手。教室布置要富有童趣。还可以创设情境，布置谜语长廊，学习了一些生字后，引导学生自己制作各种字谜，如学了"思"这个字后，有的学生这样编谜语："十张口，一颗心"等。为引导学生创设这样的用字环境，不仅可以培养学生的想象、分析能力，还能在生动活泼的情感互动中发展能力、陶冶情感。开展"争当小老师"活动，把识字变成一种乐事，把识字过程变成一个创造过程，在课余，要组织学生开展广泛的"争当小老师"活动，引导他们自己创造识记方法，编字谜、编口诀。如学了"拿"这个字后，学生纷纷开动脑筋，在"争当小老师"活动中尽显风采。有的学生给同学猜谜："一人一张口，下方长只手。"这样的学习会使他们越学越有趣、越学越聪明。

2. 重视校园识字环境

校园，是学生平时活动的一个重要场所，根据低段学生无意注意、无意记忆占优势这一特点，巧妙妥善地利用好这个环境，能使学生的识字达到事半功倍的效果。为此，我们可以在校园里，凡是学生能看到、听到、接触到的地方，营造一种良好的识字环境，要"让校园中每一个事物都会说话"。具体的做法如：给花草树木挂上牌。校园的花草树木，春夏秋冬，各有不同，是学生爱看的景观。给它们挂上牌，写上它们的名称、生活习性、生长过程等，这样既让学生在玩耍观赏之余自然而然地识字，又学到了知识，同时陶冶了情操。给常见的物品标上名，校园里有许多学生常见、常用的物品，比如拖把、扫帚，不要等学到它们的时候才出现这些汉字。可以事先在这些物品上贴上注音名称的小纸片，利用学生的无意注意解决这些生字的识记。学生洗手的时候，学一下"洗手液、水龙头"，走过"走廊"的时候，瞧一眼"走廊"，日积月累，又会识许多字。

3. 立足家庭生活识字

每个人从出生就开始了学习，从熟悉环境，认识父母，到学会说话，接触汉字，无一不体现了人的学习过程。而家庭生活中有意识的识字教育，在儿童 0—6 岁时表现得尤为明显。针对这些特征，家长会上，我们可以在介绍新教材特点与难点的同时，明确地指出家庭教育的重要性。走进新课程，我们更需要家长的支持与配合。如果说家庭生活是识字的温床，那么父母就是孩子最伟大的老师。也许不经意地在诱人的零食袋上随手指点，孩子就在无意中认识了不少汉字。也许，在电视屏幕上随口逗逗，孩子就在娱乐时对汉字产生了兴趣。

三、教学反思

识字教学的探索与研究还需不断深入，但"生活识字"是永恒的。学习语文离不开生活，更离不开实践活动。在生活中激发学生的学习兴趣，保持好奇，让识字教育变成日常，那将是语文学习最大的成功。

藏在生活中的拼音与识字教学

重庆市江北区玉带山小学校 李欢丽

一、问题缘起

九年义务教育中的拼音与识字教学历来是小学语文教学的主要任务之一，将拼音识字学好，打好基础，对以后的语文学习有重大的帮助。这就需要教师认真细致地读教材，改变传统观念，根据教材的特点和学生发展的具体情况调整拼音识字的教学策略，让学生积极去学习，提高学生的学习兴趣，以此来达到理想的教学目标。本文将结合现实生活的实际情况，谈一谈如何在生活中进行拼音与识字的教学。

二、解决策略

（一）拼音与识字教学在生活中的重要性

拼音与识字总是出现在我们的生活之中，它们无处不在，在我们每个人的生活中都占据着重要的位置。语文对于每个人的启蒙也总是从拼音与汉字入手，但在目前的小学语文教育之中仍然存在着诸多问题，比如：首先对刚接触小学校园的学生来说会出现好奇心强，注意力、专注力不集中，理解出现偏差，导致教学中的分心，因此影响课堂氛围，教学质量不佳。再者对刚结束学前教育进入小学的学生来说，学生的学习习惯还需要进一步的规范培养，这也是学生养成良好学习习惯的最佳时期，让学生在拼音、识字教学中主动学习，使学习更加高效。作为教师我们不仅要在课堂之中给孩子传授知识，更要加强在生活之中的识字教学，将拼音识字教学与日常生活进行融合，才能激发学生对于学习识字的热情，并把这种被动地接受知识转化为主动地学习，充分调动学生的识字兴趣，加强在识字教学中的大脑思考锻炼，使拼音与识字教学更加有趣、生动形象。

在生活中进行拼音与识字教学可以调动学生学习积极性，主动学习更有利于学生在生活中发现生字，提高学生的识字阅读能力和语言表达能力。

（二）拼音、识字与生活融合的教学

1.感受识字学习的乐趣

对于刚入学的学生，他们仍然保留着爱玩的天性，他们对游戏天生保留着热

情和兴趣。因此借以游戏的引导，让拼音与识字教学融入游戏中，使学习趣味性加强，学习不再被动接受，反而更加生动形象，让学生更加容易理解、更容易接受，从而激发学生学习的兴趣，主动地参与其中。要加强家校合作，让这种识字游戏延伸到课堂外，邀请家长陪伴学生共同完成，增强亲子关系，在游戏中简单轻松地记住部分汉字。

2. 以身边常见事物识字教学

在现实生活中拓展学生的拼音识字，通常以学生生活中最为常见和了解的事物着手，比如学生在学校之中常见的事物，上学路途中遇到的人、事、物等，将其记在心里，在课堂活动之中向同伴进行分享介绍，在介绍中再次进行巩固记忆，使学生在玩中融入学，极大地提高学生对于学习拼音汉字的兴趣，也锻炼了学生的表达能力，对于低段识字有积极的教学效果。

3. 校园中的识字拓展

在学习拼音与识字的过程中，除了落实课堂知识，更要将学生置于现实生活中，让学生在真实的生活环境之中，自主地开发识字的兴趣，使学生不再局限于课堂知识，开始以生活作为参考进行识字。比如：在学生第一次入校期间，学生对于陌生环境的好奇，迫切地想要了解周围的人、事、物，教师准备了开学典礼的迎新活动，让每位学生自行制作自己的姓名牌，便于学生快速地认识同学的名字，也进一步锻炼了学生的交流沟通能力。

后期，教师还会要求学生制作属于自己的姓名牌，再对最快记住同学名字的学生进行表扬，激发学生主动识字的兴趣。这样在短时间内学生便会叫出全班同学的名字，甚至可以对号入座。除了校园内通过姓名牌的方法识字，教师还加强了家校之间生活识字的联系，比如在家中家长随机选择物品拿事物识字，日复一日，使学生在潜移默化之中记住汉字，对识字产生浓厚的兴趣。在日常的活动组织上，每月我们会组织一次识字比拼，看谁识的字多，识字多的提升为组长和颁发小红花。或者为每位学生准备一个简单小故事让他们来讲出来，增强他们自信心，让他们在识字的世界里快乐成长。

4. 书本图画中的识字

刚刚进入小学一年级的学生的识字有限，长篇的课文并不适合他们。为了帮助他们更好地学习，在课本的每一课中都配有插图，甚至在最初学习象形字时，还会给课本中的每个汉字配图。这些图画生动有趣，色彩画面丰富，这样图文并茂的展示使学生加深了对汉字的记忆和理解，给予了学生最直观的印象，并且这些有趣的图画也让学生对于拼音字母的发音、字形以及相对应的事物进行一一联系，加深了学生对于拼音与汉字的理解。

5. 社会生活中的识字

学校是学生接受知识的第一课堂，而社会便是第二课堂，它也是最真实的课堂。比如在社会生活中，我们道路上各式各样的标牌、家里各种各样的物品、超市里琳琅满目的商品、图书馆中各种的书籍等都是我们进行知识吸收的途径。所以让学生在生活中进行拼音识字的学习，让他们在真实的环境中运用知识，感受生活就是学习，学习就是生活，在生活中体会学习带来的乐趣，在学习中体验生活的多姿多彩。

三、教学反思

让小学拼音与识字教学融入生活、贴近生活，能够使教学更加的生活化，让学生走近更加真实地学习识字，并且借以生活教学开发学生的想象力和创造力，不断地拓宽学生的识字范围，加深学生的理解，不但提高了教学质量，还进一步激发了学生对于拼音识字的热情。通过不断地积累学习，增强了学生学习自信心。所以，将课本中的拼音与识字教学融入生活，能够更好地让学生在生活中乐于识字，培养学生热爱生活、善于观察生活的习惯，为他们今后的语文学习以及人生发展奠定基础。

基于生活的小学低段识字教学
——以部编版语文一年级《影子》为例

重庆市江北区玉带山小学校　刘睿

一、问题缘起

小学低段识字教学是语文教学的基础，应与学生的实际生活紧密相连，但目前小学低段识字教学中仍存在一些问题。

1.识字教学目标功利化

当前部分教师对于识字教学目标的定位仍处于功利化阶段——识字教学是为了考试，导致在教学实践中注重学生认字技能的训练，把识字教学课堂变成了生字的反复训练场。

2.识字教学内容去生活化

低段识字教学内容通常为生字的字音、字形、字义，而部分教师对于教学内容的处理则跳过学生的生活实际，让教学内容与学生生活处于脱节状态，机械地将一个个文字组成的教材内容作为识字教学内容。

3.识字教学方法单一化

教师采用的识字教学方法较为单一与枯燥，为了让学生加强对生字的记忆，运用反复背诵和抄写的方法，使学生的识字学习处于被动状态，加快了学生对于识字的疲乏。

二、解决策略

识字教学要"结合学生生活经验，引导学生利用各种机会主动识字，力求识用结合"。对此，笔者以部编版小学语文一年级《影子》为例，探析基于生活的识字教学。

1.识字教学目标指向生活运用

教师在设置小学低段识字教学目标时，应该为学生识字指引明确的方向——是为了在真实生活中应用。由此，教师在设置识字教学目标时要将识字的最终方向指向学生在生活中的运用与发展。一年级上册《影子》这篇课文是一首讲述某种生活现象的儿歌，以童真童趣的语言写出了影子与人形影不离的特点。因此在本课识字教学目标的设计上要结合真实生活中的经验去完成真实生活情境中需要解决的问题。如通过借助生活经验与生活情境,让学生识记"前、后、左、右"四个生字,辨别"前、后、左、右"四个方位,并能够在实际生活中运用这些字及相关词语来表述位置;在课文理解上,要联系生活经验,理解影子与人形影不离的特点,体会课文表达的情感。

2. 识字教学内容贴近真实生活

基于生活的小学低段识字教学要意识到识字教学不是为了识字而识字,识字文本来源于生活,是生活给识字环境提供了大的环境。因此,在识字教学内容方面应设计与学生的实际生活紧密相连的教学资源,不能忽视文字所表达的内容与生活的联系,只有选择与开发贴近学生真实生活的教学内容,才能激发小学低段学生的识字兴趣。在设计《影子》教学内容时,为了让学生更深入地达成"理解影子与人形影不离的特点"这一教学目标,在教学活动中,可以选择真实的生活场景,结合文中"就像一条小黑狗""它是我的好朋友"两个重点句子说一说为什么影子像小黑狗,为什么影子是好朋友。接着在文中找出影子与人形影不离的句子,即"影子在前,影子在后,影子在左,影子在右",让学生结合自己的生活经验,理解影子与人形影不离的特点。

3. 识字教学方法联系生活场景

识字量大是小学低段识字教学的一大难点。因此,小学低段学生识字需要采用多样的教学方法,尤其要注重从生活场域出发,密切联系真实生活场景,如联系具体事物识字、联系社会环境识字、联系学校环境识字等教学方法还原学生的生活场景,调动学生的生活经验和情感体验,加强识字教学与生活的沟通,在识字教学中融入学生生活。如本课在学习"影"字时可以运用具体事物识字法,找一找生活中的"影"字,学生通过观察生活中的场景可以发现"电影院""摄影店"等具体事物中蕴含所学生字。在学习"前、后、左、右"四个生字时可以运用联系生活情境识字法:首先通过扮演文中影子和行人的游戏理解字义,让学生对四种方位有一个直观的感受;其次通过组词巩固字音和字形;最后让学生联系实际说一说自己的前后左右是什么来学会运用。

三、小结

"社会生活是语文教学的源头活水，因此，语文教学必须与社会生活紧密结合才能取得实效。"作为语文教学重要内容之一的识字教学，更应该回归真实生活，指向真实生活，从而实现让学生解决真实生活的真实问题。

有趣的生活识字教育故事

重庆市江北区玉带山小学校 陈娟

一、故事源起

在新课程理念下，小学语文教学中明确要求，一二年级的学生要认识常用汉字 1 600～1 800 个，其中 800～1 000 个会写，学生应学会运用形象生动的识字方法识字，能在阅读和生活中主动识字。但教学中却常常有一种现象，即无论我在课堂上用了多少识字方法，学生依然会出现遗忘、混淆。为此我经常陷入困惑。

一次，在教授《大还是小》课文中的新偏旁 "彳" 时，我豁然开朗。课堂上，我提出了如何记住"彳"这个问题。 一个学生在回答中谈到她的妈妈有一天带她去银行存钱，在银行门口，妈妈就提到了这个偏旁。课后，我还了解到她的妈妈还告诉她"行"的不同读音，后来几次妈妈都会带她去银行存钱，慢慢地，她就熟悉了这个字，自然也认得这个"彳"。下课后我陷入了思考：要想学生记住汉字，我是不是也该像这位妈妈一样把识字纳入生活里呢？这让我对低年级识字教学有了新的想法。

二、生活中识字的几种方法

著名教育家苏霍姆林斯基说过："只有当识字对儿童来说变成一种鲜明的激动人心的生活情境，里面充满了活生生的形象、声音、旋律的时候，识字过程才能变得比较轻松。"那么怎样将识字与生活联系起来呢？我认为可以有以下几种方法。

1. 在校园生活中识字

爱因斯坦说过："兴趣是最好的老师。"当学生对学习有了兴趣时，学习活动对他来说就不是一种负担，而是一种享受。校园本身就是一个识字的课堂，各种标语都是学生识字的好素材。因此让学生观察我们的校园是识字的一种好方法。当学生漫步校园时，既认识了汉字，又从中学到了知识，陶冶了情操。

为了让学生更快记住彼此的名字，我把他们的座次表贴在讲台上，并下达了做老师小助手的"标准"：谁先认识和自己一排的小朋友的名字就可以做本组的组长，谁先认识班级中所有小朋友的名字就可做语文课代表。他们很有兴趣，没几个礼拜，班级中大部分的孩子都认识了同学的名字。

阅读也能识字。每天中午我们班都有半小时的阅读时间，《格林童话》《安徒生童话》都是学生爱看的书籍。在看故事的过程中，小朋友不但认识了书中的许多汉字，还知道了书中的很多道理。

2.在家庭生活中识字

父母是孩子的第一任老师，家庭中也能营造浓厚的识字氛围。当父母和孩子一起进行亲子阅读（图1.1）时，孩子不但从书报中认识了汉字，还开阔了视野，了解了校园以外的事情。电视也是很好的识字工具，其把文字、语言、音乐、图像有机结合成感性阅读材料，形象生动、声情并茂地表达出来。这样学习汉字，学生乐意接受，而且印象深刻。

图1.1　和父母进行亲子阅读

孩子动手和家长一起制作课后字卡（图1.2），并把它们分别贴在家里相应的物品上。孩子在动手的过程中巩固课堂所学，课堂与课后相结合，达到了强化记忆的目的。

3.在社会生活中识字

有人说："学理如筑塔，学文如积沙。" 我觉得这句话很有道理，学语文重在积累，生活中，处处皆语文，生活为学习语文提供了广阔的空间。

图1.2　制作的课后字卡

　　大街上的广告牌、标语牌、餐厅名、商店名……都是学生学习生字的好帮手。记得我曾设计过一个"边走边看"的活动，要求学生在每天上学、放学的路上多留意店铺招牌、广告条幅、路牌，认识的字就把它读出来，不认识的就把它记在心里然后问同学、老师或家人。

　　我还开展过"零食趣味识字大比拼"游戏。鼓励孩子收集零食的包装纸，认一认上面的字，对于不认识的字主动询问并在每周五的班队课上留出20分钟作为识字汇报时间，同时评出三名"识字小天才"给予奖励。学生兴趣很浓，识字量也大幅度增加。

三、思考

　　生活识字如此有趣！作为低年级段的语文教师，我们除了教孩子学习书本知识和识字技巧，更重要的是为孩子营造识字氛围，拓展识字空间，使孩子处处留心，时时观察，实现语文和生活的对话。

在生活中识字，其乐无穷

重庆市江北区玉带山小学校　何莎莎

在我们的日常生活中，汉字无处不在，它与我们紧密相连、息息相关，而识字的方法也不局限于书本。在生活中识字，其乐无穷。

逛超市

早晨，小罗随妈妈一道去超市买菜，超市里熙熙攘攘，大家都寻觅着自己爱吃的菜。妈妈开始考验她，指着货架上的蔬菜名一一询问，没想到小罗都答对了，妈妈惊讶不已。小罗告诉妈妈，上期语文园地就教会了她认识蔬菜名。妈妈早已看花了眼，不知选什么菜好了。这时旁边有一个导购吆喝起来：胖乎乎的大白菜，降价了！降价了！听罢，妈妈又开始"为难"起她："刚刚导购的吆喝声中出现了一个 ABB 式的词语，你能再说几个吗？"小罗咧嘴一笑，说道："笑哈哈、绿油油、红彤彤、亮晶晶……"听罢，妈妈欣慰地笑了。正所谓：生活离不开语文，这简简单单、生动形象的识字教学便是语文在生活中的体现。

读春联

小时候，过春节我最感兴趣的事就是贴春联。那时候，春联都是请村里写字最好的那个人代写。到写春联时，他家堆满了春联。到了除夕这天，贴春联是最令小学生兴奋的事。当大人们开始贴春联时，小朋友们成群结队到村里各户人家去看春联。年龄稍微大点的边看边念叨什么"春回大地""五谷丰登"，什么"爆竹声中一岁除，春风送暖入屠苏"，年龄小点的则是一边听一边悄悄地在口中重复着不知道意思的汉字。有亲戚时，大人们往往会把小朋友们列成一队，指着春联上的字考验，再递上红包与奖励。那时候的识字就是从春联开始的。而现在，随着时代的进步，识字的契机越来越多，但是在中华传统文化中识字，仍然是必不可少的。

看广告

生活中处处有识字的机会，如电视中的广告语、活动时的宣传标语等都蕴含着语文知识。伴随着我国现代化程度的不断提高，各种广告也越来越深入我们的日常生活中。广告既是商品告示，在某种程度上，它又是时尚和流行的象征，对人们的生活有着深远的影响。它们大多数都运用了一些成语的谐音，或是一些名言或成语的同音异字，如：某当铺广告——"当之无愧"；某帽子公司广告——"以帽取人"；某理发店广告——"一毛不拔"；某打字机广告——"不打不相识"等。这样的广告语看着有创意，实则往往会给还处于汉字学习中的小孩子带来误导，比如我班基础差点的孩子，在他们的作文中，常常会出现让我哭笑不得的错误："暑假"会错写成"薯片"的"薯"，"再次"会写成"在次"，"座"和"坐"、"拔"和"拨"总是区分不清。因此假期里，学生多了一项社会实践作业——寻找广告中的错别字。在这样的活动中，学生既能从优秀的广告语中发现语文的美，又能从错误的广告语中找到识字的快乐。

著名教育家叶圣陶曾说过："生活就如源泉，语文犹如溪水，泉源丰盈而不枯竭，溪水自然活泼地流着。"语文学科中的汉字遍布你我的生活。

第二章 阅读与生活

第一节　阅读与生活融合的必要性

1978 年，著名语言学家吕叔湘发出质问：“十年的时间，2 700 多课时，用来学本国语文，却是大多数不过关，岂非咄咄怪事！”如今，距离轰动一时的“吕叔湘之问”已过去了四十余年，春去秋来，语文课程进行了一轮又一轮改革，在积极倡导语文核心素养的今天，我们也要继续追问，语文学习“少慢差费”的问题解决了吗？

国际学生评估项目（The Program for International Student Assessment，PISA）已经第三次将阅读作为主要测评领域，PISA2018 结果显示，我国四省市（北京、上海、江苏、浙江）学生阅读表现名列第一，较之于 PISA2015 有显著进步。名列前茅的成绩固然可喜，但背后的隐忧更值得思考：与阅读素养同时排名第一的，还有我国学生每周的学习时间，平均 54 小时，远高于 OECD 国家的平均水平。而且，我国参测的地区均为东部教育发达省市，放眼全国教育，方方面面的问题依然严峻。

毋庸置疑，语文教学的绝大部分时间都是花费在阅读教学上的。但阅读课堂上还是不乏这样的现象，一篇“感人至深”的经典文本，教师在讲台上潸然泪下，反观坐在下面的学生，则无动于衷、面不改色，甚至眉开眼笑。问题的根本就在于学生不能理解文本。阅读的核心是理解，对于生活经验严重不足，尤其是生理和心理机制还未发育完全的中小学生，在缺乏教师有效引导的状况下，我们怎能苛求他们与文本对话、与作者共情呢？由此，一方面是阅读对于理解的要求，一方面是学生生活经验缺乏的现实，这样的矛盾冲突就构成了王荣生教授所提出的阅读教学的“两个基本任务”之一，即“帮助学生克服语文经验的落差”。与之相对应，“唤起、补充学生的生活经验”是有效完成这一任务的首要途径。其实，“吕叔湘之问”并不难回答，让阅读回归儿童的生活，是我们语文教育的应有之义。

“语文课程是一门学习祖国语言文字的综合性、实践性课程”，其基本性质决定了语文学习必须要“注重语文与生活的结合”。据粗略统计，《义务教育语文课程标准（2011 年版）》中，“生活”一词出现了二十余次。教材与语文课程标准的理念一脉相承，人民教育出版社的王本华在谈到统编版语文教材的阅读教学理念与设计思路时，也直接提出“语文即生活”，因为“语文学习的素材源于生活，语文影响生活，应用于生活，服务于生活"。显而易见，无论是课程标准还是教材，都将语文与生活的关联性置于举足轻重的地位。

提到教育、生活这些关键词，首先想到的便是陶行知先生的生活教育观，其核心内容就是"生活即教育"，他认为："生活教育是生活所原有，生活所自营，生活所必需的教育。教育的根本意义是生活之变化。生活无时不变，即生活无时不含有教育的意义。"人是生活的主体，教育不可能脱离生活进行。事实上，在我们语文界，也从来不缺"回归生活"的共识与呼吁。早在1994年，顾黄初先生就倡导"语文要贴近生活"，几十年来，对语文回归生活的探索更是有增无减。阅读作为中小学语文课程最重要的学习领域，一直是教育者们实践的高地，例如近期发表在《人民教育》的《阅书，阅事，亦阅人——"生活阅读"校本课程的探索构建》，便是基于生活培养学生阅读素养的校本课程成果。

"阅读与生活"是一个宏大的课题，从阅读教学目标确定到阅读教学内容组织，从学生的阅读兴趣培养到阅读策略的教授，从教学语言到教学方式，从课内教学到课后拓展……阅读教学可以处处与生活关联，生活处处都是阅读教学的资源。一线教师必须立足于课堂，立足于学生。运用诸如生活化情境创设、对比阅读等多样化的教学策略，激发学生兴趣，强化学生的学习动机，使阅读贴近学生真实的生活，将陌生的语言文字符号与生活经验相联系，促成学生对文本的深入思考。

第二节　阅读与生活融合的策略研究

浅谈小学语文阅读教学与生活实践融合方法

重庆市江北区玉带山小学校　谭林松

摘要： 在小学语文教学工作中，阅读模块是整个教学过程的重要组成部分。阅读教学质量的好坏决定了未来小学生语文学习能力培养和兴趣发展的高低程度，并将进一步影响他们成年时的阅读理解能力。较高的阅读技巧具有对书面语言的感知与理解能力，在日常生活、学习和工作中起到了重要的作用。小学语文教师在教学中也在积极地探索高质量、高效的方法来提高学生的语文阅读能力。然而，在阅读教学与生活实践结合方面却鲜有研究与尝试。因此，本文通过小学语文阅读教学和社会生活的联系进行融合研究探讨，旨在为阅读教学提供新思路与新方法，从而提高小学生的阅读素养及能力，也力求在语文教学探索的道路上添砖加瓦。

关键词： 小学语文阅读；生活实践；融合教学

众所周知，学校及语文教师对小学生阅读能力的培养是非常重要的，他们在教学实践中运用多种手段和教学方法，培养学生们的阅读兴趣。然而，其在阅读与生活化的融合教学方面仍存在不足，忽视了阅读与生活间的紧密联系。因此，作为学生阅读能力培养的根本所在，教师必须构建和完善阅读能力的生活化培养教学体系，做到让学生在阅读中生活、在生活中阅读，将阅读和生活融为一体。以下三点是本文的尝试性探究，希望能为学生们的阅读培养提供参考。

一、启发性阅读

语文教学中的课文是从著名作家的文集里进行精心筛选而来的，这些作品是生活的浓缩与投影，既源于生活又高于生活，能够让学生深刻体会生活中的道理，最终学以致用。语文教师除了要培养学生的阅读兴趣，引导他们勤思考、多动脑，还需要培养学生透过文学作品来体验生活和理解生活的能力，将实际生活与阅读作品相联系，实现阅读生活化，进而培养自身的共情力。教师需要提前进行生活事物摸索，结合本节所讲的内容，为学生们指出大体的方向，使学生们自己设定对象，在阅读课文的最后让学生在实际的生活中去探寻。比如在《雪》一文中，作者通过对雪景的观察与描写，向读者展示了雪的靓丽与优雅，使没有见过雪景的人们不禁对雪这种物理现象充满了遐想。但是，并不是所有的地方都有雪，且也不是所有的雪都是美的，尤其是在没有建筑物以及花草稀疏的地方，雪景就显得苍白无力。在教学过程中，教师应引导学生模仿文章的整体结构与行文技巧，从写实的角度对家乡的雪景进行细致的观察与描述，从而以虚化实，使学生更能够理解阅读的快乐，使学生热爱阅读、喜欢阅读。

二、实践性阅读

上述提到，语文阅读教材均折射了现实生活。在教学中，教师们可以尝试采用实践性教学法，结合文章内容，为学生建立熟悉且真实的教学情境，拉近语文与现实的距离，实现生活与阅读一体化教学。比如，在《画家乡》一文中，可以将每一段文字由不同的学生进行分角色朗读，掌握主旨大意，随后让学生自主作画，更好地理解文章内涵。最后，教师可以《我的家乡》为题，带学生进行一次实践性学习，即所谓的"写生"。比如，带到具备多元素景观的野外，让学生先进行观察，通过对《画家乡》文章的回忆与理解，对自己家乡有更深刻的意识，进而升华文章主旨。最后再让学生们进行绘画展示。通过这种情境与实践性教学，将文章内容过渡到生活实际中来，让学生深刻体会寓意，并在生活中演绎阅读，同时在阅读中联想生活、品味生活，进而提升阅读理解能力。

三、分享性阅读

小学语文教材中所选的课文大多生动有趣，体现了语文的人文性与工具性。教师可以对学生提前进行引导性文章阅读，再给学生布置相关口头或者书写任务，让其通过分享自己的生活来加深对阅读文章的体会。这不仅是为了巩固教学的训练，更是为了引导学生能融入自己的生活体验来谈感悟，从而唤起学生原有生活积累与现时感悟的冲突，激活思维。同时，鼓励学生有独特的见解，通过结合多位同学的生活案例，从多角度去评价课文、感受课文、理解课文。比如，《难忘的一天》详细介绍了作者对爷爷的表演以及内心情感的波动。日常生活中，总有某件事情或者某次经历深深地烙印在学生的心中。学生通过回忆及联想，将自己的所见、所闻、所感清晰地表达出来，最后再进行总结，这样既锻炼了自身的语言阐述与组织能力，更培养了多方面信息处理的思维，也增强了对文章思想的整合能力。此外，这一过程还能帮助学生充分感受诵读与交流分享的快乐，并为下一阶段的阅读进阶或者写作教学创设良好氛围、奠定坚实基础。

总之，在小学语文教学中开展生活化的教学活动，不但可以帮助学生加深对文章内容的理解，使学生真正地从情感走向生活，而且能以愉快的心情感受到学语文的乐趣，最终促使阅读能力稳步提升。

参考文献

［1］郭秀荣 . 浅谈小学语文教学中阅读能力的培养［J］. 科学大众（科学教育），2013（6）：79.

［2］庞一华 . 生活化在语文阅读能力培养中的策略［J］. 文学教育（下），2017（6）：115.

［3］谭珺 . 小学语文阅读教学的问题与对策分析［J］. 科学咨询（教育科研），2020（12）：277.

［4］咸高军 . 小学语文阅读教学生活化探究［J］. 科学大众（科学教育），2010（8）：99.

［5］张咏望 . 小学语文主题阅读教学策略与实践研究［J］. 语文教学通讯·D刊（学术刊），2021（2）：48-49.

第三节 阅读与生活融合的实施案例

基于生活背景的儿童诗歌教学

重庆市江北区玉带山小学校 张文静

一、问题提出

诗歌是文学宝库中的瑰宝，叩击着一代又一代人的心灵。《义务教育语文课程标准（2011年版）》指出要引领学生"诵读儿歌、儿童诗和浅近的古诗，展开想象，获得初步的情感体验，感受语言的优美"。"在主动积极的思维和情感活动中，加深理解和体验，有所感悟和思考，受到情感熏陶，获得思想启迪，享受审美乐趣。"探究儿童诗教学有利于提升人文素养、人文情怀和审美情趣。统编版教材空前重视儿童诗和童谣及浅近的古诗。据粗略统计，仅低年级教材中，童诗、童谣和浅近的古诗即占一半左右。这意味着儿童诗的独特价值正以教材的方式出现在孩子的学习中，让诗歌融入学生的生活，让孩子爱上儿童诗。在诗歌教学中，不把诗歌本身作为目的，而以生活为目的，诗歌就可以成为儿童"研究"生活的工具，使儿童更好地感受生活。接下来，我将以部编版语文四年级下册第三单元为例，讲一讲我们是如何进行基于生活背景的儿童诗歌教学的。

二、实施策略

（一）学习诗歌，多角度感知生活

1. 单元解读，发现特点

通过对部编版四年级下册第三单元课文的解读，我们不难发现，本单元教材从整体上进行了设计：四篇课文都是现代诗，以学生熟悉的"母亲"和"自然"为中心意象，展现了现代诗饱含情感、想象丰富、语言表达独特等特点。"语文园地"中的"交流平台"对现代诗的这些基本特点进行了回顾和梳理，帮助学生将零散模糊的认知清晰化，使其初步了解现代诗的一些特点。既然这个单元都是现代诗的学习，为了让学生的学习更有实效性，于是我们年级组就有了把本单元课文进行整组教学的思考。

2. 学法指导，体会诗情

（1）五步习得学法

因为本单元的课文都是现代诗，于是在单篇课文的学习中，以第九课《短诗三首》中的第二首为例，我们进行了明特点、明诗意、悟诗情、诵短诗、写短诗这样五个步骤的设计，并将这一方法贯穿于整个单元的学习。

（2）明特点

首先让学生诵读短诗，结合已有知识，了解诗歌的特点。学生不难发现，这首诗的句子长短不一，句式相似。整首诗押"ang"韵，同时诗歌还运用了排比和反问两种修辞手法，反问能使诗歌表达的语气更强烈。对诗歌特点的了解，也为我们后面的写诗奠定了基础。

（3）明诗意

第二步明诗意，学生再次诵读诗歌，圈画出诗歌中的景物，学生又能发现这首诗写到了大海、星、花、波涛这几种景物。

（4）悟诗情

透过这些景，作者要表达怎样的感情呢？我们说诗和生活密不可分，这时候就需要联系冰心的生活背景来了解。在冰心刚满 7 个月时，因随父母坐轮船去上海，冰心就见到了日后痴迷的大海。到她三四岁时，父亲调到烟台创办海军学校，全家又迁居到烟台，海成为她童年生活的最好伴侣。正是这样的生活经历，1920 年左右在北京读书的冰心，因为多年未见大海，所以有了这首诗歌的创作，通过诗歌表达了她对大海的依恋和热爱。这里再次让学生明白诗歌的创作必定和生活密不可分。

（5）诵短诗

金波说："培养儿童热爱母语的思想感情，最好从读诗开始，享受语言的美。"我在教学中立足于教材，通过齐读、诵读、吟诵甚至表演读。多样的形式有利于孩子充分感受诗美的节奏、韵律和意境。"培养学生的审美活动先要培养学生感受美的能力。一个人不能感受美就无从鉴赏美，更谈不上创造美。"让他们喜欢诗歌的音韵之美。当孩子徜徉在诗意里，他的脑海中会浮现出美好的画面。久而久之，脑海里就会有诗意的画面闪现。诗的审美教育功能可使儿童更精致地感受生活。诗歌还有画面美。儿童只有"身入""心入""情入"地读，才能更精致地感受诗歌的魅力。因此，我们采取了不同形式的诵读，让学生感受诗歌独特的节奏、音韵、意象和意境之美。被美熏陶过、滋润过的心灵更懂得欣赏美。诗之美浸润了心灵，启迪了心智，提升了孩子的审美情趣。

（6）写短诗

诗人金波说："创造语言的美，最好从读诗，写诗开始。"随着读诗的深入，孩子常常写诗。儿童是用形象、色彩、声音来思维的，形象思维，要让一闪而过的思维变成美妙的诗行留下。有写诗的愿望，写诗也就水到渠成。学了教材里的诗歌之后，教师让孩子仿课文写诗。

学习完《繁星》短诗三首，学生们完成了自己的创作（图2.1）。

诗的光芒把儿童的心照亮，生成了很多精美的诗作，令我们激动。写诗，让孩子对生活更敏感了。他们赞美鲜花小草、碧树蓝天，还有亲情、师生情，也描绘眼里的风景。写诗成了一种生活方式。写诗，让孩子思维得到发展。童年的生活里闪着诗意的浪花，在他们笔下，露珠有感，花朵会思。写诗，激发了学生的热情，唤醒了他们对美的感觉。无论是花儿盛开还是落叶纷飞……都可以引起注意，从而用心写出诗歌。

3.利用表格，自悟特点

在学完这个单元后我们对本单元诗歌进行了单元整组对比学习。让学生再次读诗歌，完成表2.1，感悟儿童诗的特点。

表2.1 单元整组对比表

课 题	结 构	主 题	情 感	表 达
《繁星》短诗三首				
《绿》				
《白桦》				
《在天晴了的时候》				
我的发现	形式上： 主题上： 情感上： 表达上：			

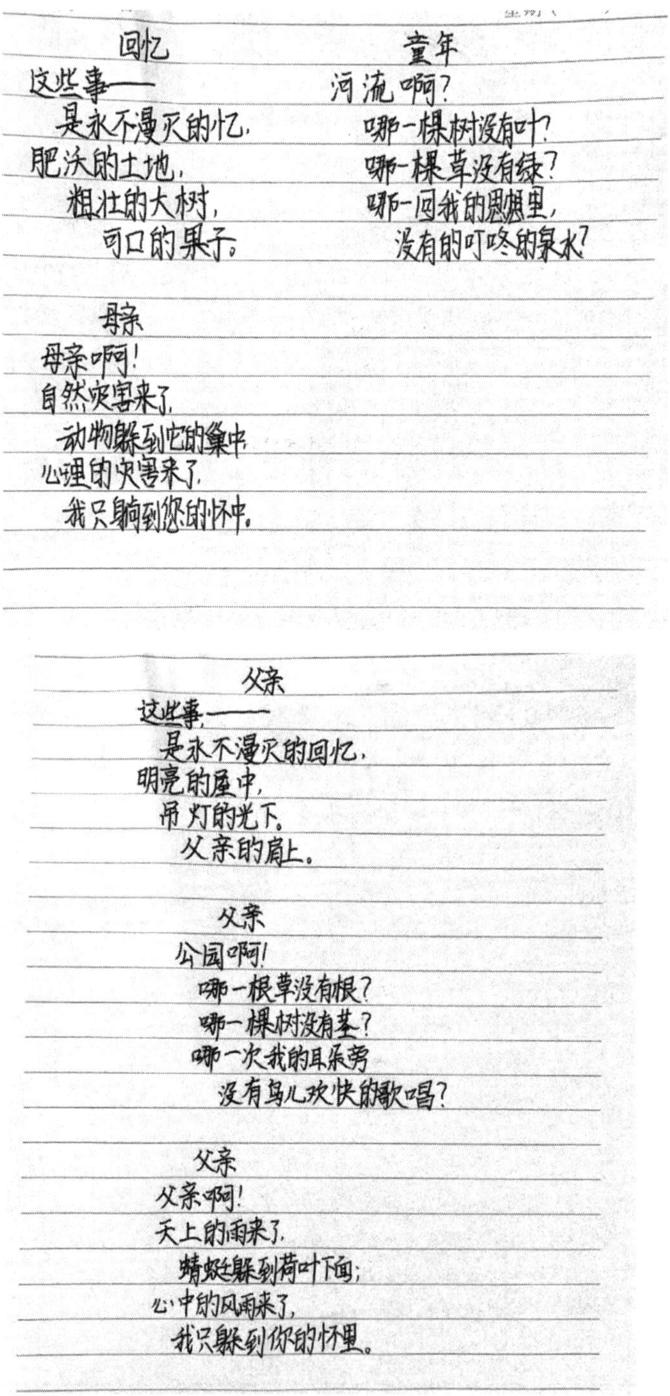

回忆

这些事——
　是永不漫灭的忆，
肥沃的土地，
　粗壮的大树，
　　可口的果子。

童年

河流啊？
　哪一棵树没有叶？
　哪一棵草没有绿？
　哪一回我的思绪里，
　　没有的叮咚的泉水？

母亲

母亲啊！
自然灾害来了，
　动物躲到忙的象中，
心理的灾害来了，
　我只躺到您的怀中。

父亲

这些事——
　是永不漫灭的回忆，
明亮的屋中，
　吊灯的光下，
　　父亲的肩上。

父亲

公园啊！
　哪一根草没有根？
　哪一棵树没有茎？
　哪一次我的耳朵旁
　　没有鸟儿欢快的歌唱？

父亲

父亲啊！
天上的雨来了，
　蜻蜓躲到荷叶下面；
心中的风雨来了，
　我只躲到你的怀里。

图 2.1　学生们自己创作的短诗举例

（二）拓展阅读，抒写生活

基于对教材中现代诗的学习，我们将方法迁移到课外，让孩子进行儿童诗的群文阅读，如《你的家》《分享成长》《我们去看海》等诗歌作品。填写表格，再次梳理现代诗的特点。学生就会从结构上发现：现代诗表达形式不固定，格式自由；从主题上发现：它们来源于生活中；从情感上发现：现代诗都表达了作者的某种情感；从表达上发现：可以根据情感选择独特的表达方式，如用上比喻、拟人、排比等修辞手法。这样一来，学生自然就能发现所有现代诗都具有的共同特点，从而让学生明白其实我们自己的生活也是可以像这样写成一首首现代诗来进行表达的。通过拓展与迁移，学生写出来的诗可是有模有样的呢！既体现了在课文中学到的与现代诗有关的知识，又将在课堂上所学与生活联系起来。当时正值全国上下处于新冠疫情期间，学生结合疫情生活创作出了一首首有模有样的小诗：

如　果

如果，

我是哈利波特，

我要挥动我的魔法棒，

让口罩，酒精，病毒，

统统消失。

如果，

我是哆啦 A 梦，

我要从我的口袋里，

拿出抵抗病毒的大衣，

送给前线的白衣天使。

如果，

我是天兵神将，

我要带上我的兵器，

捉拿病毒，

杀他个片甲不留。

如果，

我是神笔马良，

我要用我的画笔，

画出个巨大的宝葫芦，

把病毒吸进封住。

如果……

我想变成一只鸟儿

我想变成一只鸟儿，

飞到白衣天使的身旁，

向他们传递最真诚的慰藉。

我想变成一只鸟儿，

飞到病人的床前，

向他们诉说胜利的希望。

我想变成一只鸟儿，

用锐利的鸟嘴，

把病毒们啄得抱头鼠窜。

我想变成一只鸟儿，

为武汉的同胞们，

送去更多的物资。

我想变成一只鸟儿，
为全国的人民，
唱一首首团结的颂歌，
呐喊着！跳跃着！

我们将为胜利而泣，
欢呼雀跃着。
我想——变成一只鸟儿。

从这些稚嫩而又丰富的语言中，我们不难感受到学生们身上蓬勃的生命力和丰富的想象力！难怪人们常说，儿童就是天生的诗人。苏霍姆林斯基说："每一位孩子就其天性来说都是诗人，但是要让他心里的诗的琴弦响起来，就要打开他的创作源泉。"生活无疑是儿童创作儿童诗的不竭之源。

浅析生活中的小学低段阅读

重庆市江北区玉带山小学校　佺春岷

一、问题提出

对于刚刚踏入小学的学生，我们是在他们和阅读文化之间搭建桥梁的第一任老师。我们的使命，就是为这通向未来的桥梁奠定坚实的根基。

不同于高年级的深阅读和幼儿的表阅读，这个时期的孩子的阅读内容水准最难以把握，他们的阅读需要和生活紧密连接，因为他们还缺乏足够的想象力去幻想一些自己完全陌生的东西。与此同时，将学生的阅读内容与他们的生活紧密联系起来还有另外一个好处，那就是他们可以随时用书本上学习到的知识在日常生活中觅得佐证，这一举动反过来又加深其自身对于纸面阅读内容的理解，有助于激发他们的阅读兴趣和思维深度。毕竟，我们不得不承认，生活中学到知识的方法繁多，发挥的作用也远非阅读可以比肩，而且从学生的接受程度和接受内容来看，前者也远远超过了后者，所以阅读必须和生活相结合才能起到事半功倍的效果。

二、教学策略

（一）结合实践，于真实处求知

比如在学习《找春天》这篇课文时，我们完全可以把阅读内容对应到学生日常的生活环境中去，这样可能会收到意想不到的效果。课文中提到的一系列活动，像脱掉棉袄出门玩耍，去草地里看小草萌发等，这些完全是我们可以进行的活动，让学生在草地里学习这篇课文，显然比在教室中更具感染力。

我在进行这一篇课文的教学时，虽然受条件限制，没有带孩子去野外学习课文，但是我也没有在教室里要求他们死板地读书、记忆、背诵，而是把他们带到学校的花坛旁观察在微风中摇曳的花花草草。显然，学生的积极性被我的这一想法调动了起来，纷纷冲出了教室，几个人一个小组开始观察花坛的变化，和自己印象中冬天时的花坛作对比，热情高涨。在最后我给学生布置家庭作业的时候，我让他们寻找春天到来的痕迹并作为日记写下来，这次作业不仅没有一个人拖拉，而且每个人的日记都有值得夸赞的地方，相较于平时短短的几十个字，有的同学甚至写到了一百多字，尤为认真，变化之大让人惊讶。

（二）体验生活，于细微处问道

菜市场的叫卖、田野里掉落的麦穗、烈日下行色匆匆的行人都是值得他们观察的对象，走进生活，了解生活，才能懂得笔墨之间铺陈的万千世界。

当然，不是每一篇课文都能恰到好处地和生活完美衔接，那些学生日常接触不到的东西，便可以尝试利用不同的方法，从不同的方向来进行解读。

（三）设身处地，于细节处共感

《开满鲜花的小路》这篇课文，教师不可能真的将长颈鹿、鼹鼠和刺猬拿过来让学生瞧一瞧、看一看，但是利用网络找来这些动物图片和视频又苍白无力，无法吸引学生的注意力，太过于复杂的片段还可能起反作用，所以我尝试把书中的主人公变换了一下，把那些不常见的动物替换成常见的或者学生比较感兴趣的动物，像小狗、小猫，男孩子喜欢的小狮子、小老虎，女孩子喜欢的小兔子、小蝴蝶等，往往更能引起他们的兴趣。

甚至不少孩子的家庭中就饲养着一些小动物，对于这部分孩子无疑这篇课文就不是在呆板陈述，而是能让孩子自然而然联想到自己家小宠物的有趣故事，课文便又与生活连接了起来，变得生动有趣多了。而其他家中没有饲养这些小动物的孩子，他们既可以去饲养了小动物的孩子家中做客，也可以在家长的陪同下去宠物店里亲眼看一看，这样不仅能激发学生的阅读兴趣，还可以促进同学关系的亲近、亲子关系的和谐，可谓一举多得。

三、教学小结

毫无疑问，将阅读和生活紧密联系起来，尤其是小学低段阅读，会获得与平常阅读方式不同的良好效果，学生的学习、阅读的热情将大大提高，此举甚至会为以后的写作打下良好的基础。在课堂上教师引领下所激发的阅读兴趣将会促使他们在课后进行自主阅读，而受老师将阅读与生活相联系的影响，学生也会不由自主地沿用老师们的方法，自觉地把阅读和生活联系在一起，既通过阅读的内容了解生活，也通过生活印证阅读的内容，而课外阅读和课内阅读相互结合、相互促进，既提高了学生的阅读兴趣，也使以后阅读乃至于写作的过程得到了有效的保证，值得尝试。

对比阅读："阅读走向生活"的有效路径之一

重庆市江北区玉带山小学校　黄红敏

对比是把两种或两种以上非对立的事物加以对照，以显示事物的异同，帮助人们准确区别事物、认识事物。教育家乌申斯基说："比较是一切理解和思维的基础，我们正是通过比较了解世界上的一切的。"阅读也是如此，对比阅读是指把两种或两种以上同类或者有一定联系的文本放在一起，对比分析其共性和个性，将其有关内容不断进行比较、对照和鉴别，使认识理解更加充分、深刻，又可以看到差别，把握特点，提高鉴赏力。

对比阅读从文本内部拓展到文本外部，从一篇课文拓展到多篇课文，从课内到课外到生活，促使单一的阅读思维向多维、深刻的思维活动发展，是让阅读走向生活、服务生活的有效路径之一。在教学实践中，我们可以运用以下对比阅读的方法和策略。

一、抓住文本自身特点，进行对比阅读

对比，既是一种阅读的方法策略，也是作者写作的一种表达手法。文本中的对比就是把具有相似性和差异性的双方安排在一起进行对照比较，有利于充分显示被表现事物的本质特征，加强文章的艺术效果和感染力。在新的部编版小学语文教材中，无论是在内容上、情感上，还是在写法上，都有很多运用对比手法的文本例子。如《白鹭》一文中："那雪白的蓑毛，那全身的流线型结构，那铁色的长喙，那青色的脚，增之一分则嫌长，减之一分则嫌短，素之一忽则嫌白，黛之一忽则嫌黑。"这里写白鹭的色素配合、身量大小，与自身进行对比，"增之一分则嫌长，减之一分则嫌短，素之一忽则嫌白，黛之一忽则嫌黑"，先整体，再从头到脚，白鹭外形之美、色彩之美展现于读者眼前。在教学过程中，要善于发现和利用文本自身的特点，引导学生充分感受和体会作者的写作意图，更好地实现与文本对话，与作者对话，引导学生联系自己在生活中、在田间地头、在动物园或旅行中有没有看见过白鹤及其他鸟类，联系自己的感受，对比体会其表达效果，领悟作者表达的思想感情。

抓住课内阅读文本自身的特点，进行对比阅读，建立阅读与生活的联系。生

活是学习语文的最好的老师，学生的阅读实际是对生活的进一步阅读，在阅读中加深对生活的了解和认识，然后再回到生活空间指导自己的言行习惯。

二、抓住教材单元整组，进行对比阅读

部编版小学语文教材围绕"人文主题"和"语文要素"双线组织单元，同一单元相同的人文主题，相同的语文要素训练，除了抓住文本特点运用对比阅读，教学时需要根据作者选材的不同、表达情感的不同、教学目标分解的不同、训练的侧重点不同，将同一单元中课文的不同片段、篇章放在一起整体观照，进行对比阅读。

如部编版六年级上册语文第二单元"了解文章是怎样点面结合写场面的"，在单篇阅读教学的基础上，有意识地引导学生将整组课文放在一起整体观照，进行对比阅读：如将《狼牙山五壮士》"痛击敌人"部分、《开国大典》中"典礼主体"部分和"阅兵式"部分放在一起，对比阅读发现：各个片段的写作目的侧重点不同，对场面描写的具体运用也有所不同。前者采用"群体与个体相结合""一面一点"的描写方法，让读者既感受到五位战士作为一个战斗群体的团结勇敢，又感受到每位战士的英勇顽强，层次感及画面感极强，给人留下深刻印象；后者将"毛主席"这一个"点"的描写与"群众"这一个"面"的描写相结合，"点面交织"，既突出了毛主席深受人民爱戴的领袖风采、伟人形象，也表现了人民群众、全国上下无比激动、喜悦与自豪之情，渲染了开国大典庄严隆重、热烈喜庆的氛围；"阅兵式"部分采用从"整体"到"局部""多点罗列"的场面描写方法，表现人民解放军威武雄壮的气势。不同的内容，采用场面描写的方法也不尽相同，"一面一点""点面交织""多点罗列"，从不同侧面丰富和完善了学生对"点面结合"描写场面的理解。

与此同时，教师引导学生观察阅读生活，把语文的课堂延伸到课外，让学生观察生活中的场面，如学校的升旗仪式、大课间活动，放学回家在社区看到的活动场面，周末去市场等，从广阔的社会生活中直接地获取经验，体会什么是场面，运用"一点一面"，或"点面交织"，或"多点罗列"的方法进行观察或表达，从而形成直接的素养和技能，为单元习作做铺垫。学生观察并感受现实世界，耳

濡目染，不断熏陶，从而调动学生潜在的感知能力，在生活中体验对比阅读，学语言，用语文。

三、抓住课外拓展，进行对比阅读

阅读是多层次的，我们不仅要在课堂上引导学生进行对比阅读，更应该将对比阅读向课外延展，指向生活，推向深入，为生活而阅读，为生活而教育。我们可以利用教材"阅读链接"中的材料进行对比阅读，更要结合学生阅读、根据需要查阅资料、比较筛选整理信息、解决生活实际问题等情况，引导学生进行对比阅读。六年级下册《北京的春节》，结合课文中描写过春节的部分，联系自己的生活经验，说说自己做了哪些事，和老北京的学生的活动有什么相同与不同。阅读课后"阅读链接"和其他作家有关春节的文章进行对比，感受不同的地域习俗，传统习俗也在随着时代发展而发生变化，但是人们对传统节日的重视和喜爱是一以贯之的。课外的对比阅读可以是同一主题的，也可以是同一体裁的，还可以是同一作家不同的文章，更可以将学生的视野引向同类电视节目观看，公众号中同类文章的对比阅读，拓宽学生的视野，培养学生的自主学习意识和自主学习能力，帮助学生明确阅读学习的方法和技巧，从而培养学生的阅读习惯，提高阅读理解的能力，从而更好地阅读生活，为生活而阅读。

恰当地教给学生对比阅读的方法，能打开思路的闸门，开阔眼界，活跃思维。久而久之，学生的阅读能力、辨析能力、创新能力和迁移思维能力就能得到相应的提高和发展，学生的眼光更深邃，思考更深刻，见解更独特。对比阅读，将学生阅读从课堂引向课外，引向生活，树立大阅读观、大语文观，建立起阅读、教育与生活之间的联系。阅读源于生活、触于生活，也服务于生活，让阅读焕发出生活的气息，让学生生活焕发出生命的活力。

让阅读教学融入生活
——《找春天》教学例谈

重庆市江北区玉带山小学校　胡静

一、提出问题

陶行知先生提出："教育即生活，没有生活做中心的教育是死教育，没有生活做中心的学校是死学校，没有生活做中心的书本是死书本。"知识源于生活，任何知识的传授都离不开生活，小学语文阅读教学的教学目的是培养学生感悟文字、拓展和丰富学生知识、启发学生思维、引导学生养成良好习惯。小学语文阅读教学与生活相结合有助于培养学生的创新能力、想象力、阅读能力，促进学生个性发展。阅读教材中的每一篇课文都来源于生活、贴近生活，我们理应重视阅读教学与生活的沟通，让阅读教学贴近生活、联系实际。下面，我以《找春天》一课为例，谈谈我是如何将阅读教学与生活融合的。

二、解决策略

（一）引入生活素材

小学语文教材是语文阅读教学的有效平台。在小学语文教学中教师一定要重视生活教学对语文教学的重要性，要在生活中注重利用对语文教学内容有用的素材，让学生能够在生活中更好地发现语文教材的内容。这样的教学方式可以使学生穿透语文文本去了解生活、去观察生活、感受生活。《找春天》这篇文章描述了孩童带着喜悦的心情去寻找藏在各个地方的春天，既描绘了春天的美好，也让人感受春天到来的时候各种事物的美丽，由此告诉人们春天到了，春天就在我们的身边。在教学时就可以在上课之前问同学们以下问题：你们眼中的春天是什么样的呢？你们喜欢春天吗？你知道春天藏在哪些地方吗？教师通过这些问题可以更好地调节班级的上课氛围，让学生有一个愉快的心情在课堂上积极互动。教师还可以让学生发挥想象力把自己眼中的春天用画笔描绘出来，跟同学交流，这样能够让学生对找春天充满更多的好奇。那么在以后的生活中学生就会更加注重观察生活，由此就达到了在语文教学中融入生活化教学的目的。

（二）创设生活情境

众所周知，课堂导入是课堂教学的重要组成部分，小学语文阅读教学在情境导入时，教师应该充分创设生活情境，调动学生已有的生活经验，激发思维，使课堂趋于生活化，使学生对阅读材料产生浓厚的学习兴趣，从而全面提高教学效率。在教学课文《找春天》中，开始运用"创设情境，感染气氛"，让学生对生活中没有的情境有所思考，并对春天的景物有了感性的认识，一边看一边思考。利用生活中关于春天的图片和视频刺激学生的眼、耳、脑等感官，激发学生兴趣和学习欲望。上课开始可以这样导入：学生分组展示、欣赏收集到的春天的图片，教师引导同学们回答从这些美丽的图片中，找到了什么季节呢？冬天过去了，春姑娘又一次悄悄地、轻轻地向我们走来，学生想去找她吗？这时多媒体展示动画图片，用美丽的图片、可爱的动画引起学生的注意，把学生带入课文的情境中。因此，通过课堂上教学情境的创设，学生就会对春天美好的事物有更深刻的印象，并充分发挥想象力，联系生活中看到的春天。

（三）联系生活实践

在教学中，教师要引导学生了解周围的生活，激发学生对大自然的兴趣，培养学生对大自然的亲切感，促使学生与大自然、社会和谐相处，实现这一目的的教学方式主要是语文课堂实践。为提高小学语文阅读教学与生活结合的质量，教师要加强生活实践活动的开展。《找春天》这篇课文把学生引领到大自然中去感受春天的美好，体验投身到大自然怀抱的情趣，培养留心观察生活，热爱大自然的情感。课后可以"我眼中的春天"为主题开展语文实践活动，活动前，提出明确要求，学生在爸爸妈妈的带领下，走进大自然，去看一看、听一听、闻一闻……活动后，搭建展示交流平台，组织学生说说自己在春天里看到了什么、感受到了什么，将活动中关于春天的照片、绘画，收集的诗词张贴在班级专栏中。实现课堂教学与课后生活实践联系，学生感受寻找春天的乐趣和发现的美好，留心生活，也许会带来意想不到的惊喜。

三、教学思考

生活中处处有语文，也处处用到语文。我们要走出课堂、文本，主动引导学生，让学生到大自然中去感悟、去体验，借助生活的课堂，引导学生去捕捉课文中所显示的大自然的盎然生命活力，让学生真正体验到生活的乐趣、发现生活的韵味。因此，教师要加强生活实践，在实际教学中为学生创设与生活紧密相关的教学情境，提升小学语文教学阅读与生活结合的质量，打造生活化教学课堂，通过阅读教学拉近学生与实际生活的距离，以此激发学生的阅读兴趣，引导学生养成良好的阅读习惯，全面提升学生的能力和素养。

引导学生寻找课本和生活的联系

重庆市江北区玉带山小学校　胡钟灵

一、问题起源

我想许多老师都会在教学中遇到一个问题，即"学生很难将课本知识和生活连接起来"，那些课本上的内容，即使学生背得滚瓜烂熟，也无法在脑海中变得生动，学生难以理解并且长久记忆。究其原因，是生活经验的缺乏。

我不禁思考起解决办法来，借助生活实例、增加生活体验……唯有将课本知识和生活建立联系，才能更有效地学习。统编版教材总主编温儒敏曾说，教师应当"找儿童容易接受的主题"来教授课文内容。而对于一二年级的学生来说，建立生活和课本的联系，是最便捷最直接的途径。于教师而言，也是最好的方法。

二、让生活成为学生学习的引导者

将课本知识和生活建立联系，其实就是"从生活中寻找课本知识"，也是"将课本知识应用到生活中去"。

1. 案例一：借生活实例，解决"学习中的难点"

我们学到了《我是什么》这一课，这一课要求学生能区分和体会"雨点的'落'、雪花的'飘'、冰雹的'打'"。当我向学生提出"为什么雨点是'落'下来，而雪花是'飘'下来，冰雹是'打'下来"这个问题时，对从没见过雪花和冰雹的学生来说，虽然结合电视中看过的场景说出"雪花很轻，所以要用飘"相对容易，但要理解"冰雹的'打'"实在有些困难。

因为学生没有见过冰雹，要"理解"这个"打下来"就成为本课教学的难点，备课时便难住了我。仔细思考之后，我想到了"借助生活中的实例"来说明。

于是，我问道："同学们，你们有过'被打'的经历吗？"

"我不听话的时候，爸爸会用棍子打我。"

"被打的时候，你是什么样的感觉？"

"我觉得很痛"，其他学生也纷纷点头表示赞同。

我总结道："看来'打'会产生'很痛的感觉'。"

知道了"打"和"痛"的联系之后，我又问"同学们有没有被其他东西打痛的经历呢？"

一个孩子说道："有一次我去公园玩，被黄葛树的果子砸到了头，感觉也很痛。"

这是个很好的例子，我引导学生注意"从树上落下的果子，让我们有'痛'的感觉。我们就可以说'果子打在我们头上'"。

我又补充道"雨点和雪花落在我们身上不会痛，因为它们很轻。只有有重量的东西从高处落下来，才会有痛的感觉"。

我给学生看了冰雹的照片，让学生观察冰雹的样子，猜猜冰雹摸起来的感觉，以及冰雹"打"在头上的感觉。这时，学生像是发现了什么似的，激动地说："肯定很痛！"

我感到很欣喜，他们终于理解了冰雹的"打"。

借助"生活实例"，学生将"冰雹"和"打"联系起来，理解了冰雹为什么是"打下来"而不是"飘下来"的，也让他们对课文有了更深的记忆。更重要的，这是"用词准确"的开始，《义务教育语文课程标准（2011年版）》要求："能正确运用规范的语言进行口语交际，能在不同的场合，得体、清晰地表达自己的见解和思想感情。"学生从"落、飘、打"中体会到了"用词越准确，表达会越生动"，他们就会在潜移默化中更准确地去表达。

2. 案例二：借生活体验，培养学生能力

生活多姿多彩，生活中有很多体验都可以用作教学素材，我们可以通过"养红豆"来培养学生的"观察力"，也可以通过"辩论赛"来训练学生的"思辨力"。

四年级上册第三单元是观察单元，开篇就写了"处处留心皆学问"这句话，这一单元要求学生"了解观察的方法""进行连续的观察"。

在小学生眼里，"观察"就是"看"的一种，只是比"看"更久一点。于是我带了一些红豆到教室，告诉学生，我们来"观察"红豆吧。

我首先给每个孩子都发了一颗红豆，让他们"观察"，并告诉他们，观察了红豆之后要写"观察日记"。有的学生只是看了看就开始写，有的学生会摸一摸、闻一闻，然后再开始写。这时候我引导学生："观察"比"看"更仔细，要从不同的地方去"看"这颗红豆,比如红豆的颜色、形状、大小、软硬等都是可以观察的。这样一来,学生"看"得更仔细了。

等他们都观察完了,我把红豆收起来泡在了水里,告诉他们:我们要连续观察红豆15天,所以每一天都要仔细看看红豆发生了什么变化。

就这样,学生观察到了红豆的"破皮",观察到了红豆的"生根发芽""长出嫩叶",也观察到了"红豆越长越高""叶子越来越绿"。后来有几天,红豆没有及时换水,根部长出了小小的霉菌,学生也能记录下霉菌的颜色、形状,还会问我"为什么会出现霉菌",再一一记录下来。

还有些孩子,开始自己养红豆了,并且通过请教老师、网络搜索等方式来寻找"养好红豆"的方法,这真是对观察着迷了。

就这样,我通过"养红豆"引导学生亲身去观察红豆的变化,学生体验到了"要多角度观察""持续观察"的实践方法,也明白了"处处留心皆学问"的真实含义。学生的观察力,就是通过这样的"观察"来培养的,而学生的思辨力,可以通过"辩论赛"的方式来培养。

冬天刚来的时候,好些同学早上会迟到,于是我做了一个采访,发现班上一半的同学是走路上学,另一半同学因为起得晚怕迟到会选择坐车上学。基于这个调查结果,在一次班会课上,学生针对"走路上学好还是坐车上学好"这一辩题,展开了一次小小的辩论赛。辩论刚开始,正反双方各执一词,他们急切地想要表达自己观点的场面,十分有趣。虽然最后正方和反方都不能说服对方,但学生通过这次的辩论赛,知道了只从一个角度思考问题是不够的,要进步就要多角度地去思考问题,这正是"思辨"的开始。

从学生的生活体验出发进行教学,有利于培养学生各方面的能力,并让学生乐在其中。

3. 案例三:关注时事,提高学科素养

语文的学科素养包括"听、说、读、写"四个方面。在常规的教学中,学生们都已具备了基础的学科素养,我们就可以引导学生多关注时事,通过关注时事

来提高学生的学科素养。

平常的教学中，我会通过时事来培养学生的"听、说"能力，而2020年年初的疫情，也让我能培养学生"读、写"的能力。

每周三的午会课，都是我们班固定的"主题播报"时间。四人一小组，每周三上台分享当周的新闻，内容包括"校内新闻"一条、"国内新闻"两条、"国外新闻"一条。这就要求负责播报的小组自行分工，然后动手去搜集新闻。一开始，小组播报完新闻后就结束了，后来，在时间充足的情况下，我会邀请两个同学做交流。一个同学说自己听了这则新闻的感受，另一个同学选择一位"播报人"，根据"播报人"的表现作简单的评价。

这个活动虽然每周只有一次，但却是学生最喜欢的活动。有学生的高接纳度和高参与度，不知不觉中，他们的"听、说"能力就得到了提高。

比起"听、说"能力，"读、写"能力更考验老师和学生。2020年年初的疫情，让所有人都不能外出，只能通过新闻来了解中国正在经历什么。因此我会收集同类型的时事新闻，总结出一个主题，然后给学生做"语音导读"，并将这一系列的新闻推送给他们，请他们阅读。

最开始的"读写练习"是从"逆行"这两个字开始的。推送的新闻有"本在休假却义无反顾回到工作岗位的'医生''护士'"，也有"原本没有接到任务，但主动申请的'军人'和'检验技师'"，还有"千里迢迢送'口罩''防护服''食物'的平凡人"。我要求学生仔细阅读这些新闻，然后把心里的感受写下来。每个孩子都有感动，都有感谢，也有其他的想法。无论如何，都是他们自己思考的结果。

我就是从时事入手，通过"听、说、读、写"这四个方面的训练来提高他们的学科素养的。我很期待看到学生的进步。

三、教学思考

总的来说，教育方法的背后都有一个根本点——寻找课本和生活的联系。这个根本点对于学生来说，是一种学习能力。如果习得了这种能力，在未来的学习道路上，能意识到"可以联结书本和生活，让自己更好地掌握知识"，对学生阶段的他们来说，无疑是最重要的了。

　　这也要求教师对教材要特别熟悉，多读书，认真备课，细心发现。而这正是温儒敏总主编说的："语文教师要当'读书种子'。"

基于"小学语文阅读教学与生活融合"的案例设计
——以人教版小学语文五年级下册《刷子李》教学为例

重庆市江北区玉带山小学校 向思洁

一、问题的提出

阅读能力已然与生活融为一体，成为生活中必备技能，由此可见，培养小学生语文阅读能力的重要性。但是小学高段学生还存在着对文本解读停于表面、写作方法一知半解、生活拓展阅读不够、阅读兴趣不浓厚的问题。《刷子李》是一篇略读课文，下面笔者以此课为例进行教学研究，并思考如何结合生活帮助学生有效阅读、培养阅读方法和兴趣。

二、解决策略

（一）感受人物的"奇"——在生活中深化阅读

略读课文的教学应践行快速浏览的阅读方法，并"联系生活"进行解读，提升并夯实学生生活中的阅读能力和水平，从而让学生"善读"。

1. 自我阅读，初步感知

通过预习单，让学生自主阅读，初步了解人物的奇。

2. 联系生活，对比阅读

生活中的粉刷匠是怎样刷墙的？文中刷子李是怎样刷墙的？

教师应当寻找文本内容与学生生活的最佳结合点，让学生的生活充实文本内容。通过联系生活进行对比，让学生感受到刷墙这如此普通的活儿在匠人手上却是如此不同，初步感受作者刻画的奇人形象。

3. 结合生活，深化阅读

阅读教学应该在主问题的驱动下，让学生联系文本和生活进行揣摩，让学生在阅读实践中有效发现，提升生活中阅读和品鉴的能力，为学生"生活化阅读畅通且高效"奠定良好的基础。

（1）刷子李有哪些规矩？在生活中乍一看这些规矩，你有什么感觉？

（2）试着把他的这些规矩和他的高超技艺联系起来思考，再结合生活实际发现规矩背后的秘密（图2.2）。

图2.2　图例举例1

（3）小组汇报：感受到人物的自信、精益求精、要求完美、享受工作……

（4）这样的奇人到现在来说就是——匠人。匠人，就是一生只专注做一件事，他们往往对自己的工作极度热爱，有着精益求精的追求。

通过文本"规矩奇""技艺奇"的联系思考感受传奇小说人物之"奇"，让孩子在主问题的驱动下，结合生活实际交流文本的重要信息，提升思维能力，并在探讨中自我挖掘、深化阅读，从感受到人物上升到精神。

（二）感知故事的"妙"——在生活中再感知文章写法

小说往往讲究情节扣人心弦，达到让人觉得好看的效果。但读懂一波三折的故事情节，对小学生来说有一定难度。教师怎样引导学生在课堂上体会这种写法的妙处呢？可以利用生活中多种方法达到阅读教学目标，进行生活化阅读教学（图2.3）。

1.代入角色，感受内心

找一找使徒弟曹小三感到出乎意料的句子，如果你是他，你心里会想些什么？

2.利用图示，感受变化

小组内交流，合作画出曹小三这四次心理变化的过程。

干活前，他把随身带的一个四四方方的小包袱打开，果然一身黑衣黑裤，一双黑布鞋。穿上这身黑，就好像跟地上一桶白浆较上了劲。曹小三心想……

每一面墙刷完，他搜索一遍，居然连一个芝麻大小的粉点也没发现。他真觉得这身黑色的衣服有种神圣不可侵犯的威严。

曹小三给他点烟时，竟然看见刷子李裤子上出现一个白点，黄豆大小。黑中白，比白中黑更扎眼。完了，师傅露馅儿了，他不是神仙，往日传说中那如山般的形象轰然倒去。

刷子李手指捏着裤子轻轻往上一捏，那白点即刻没了，再一松手，白点又出现，奇了！他凑上脸用神再瞧，那白点原是一个小洞！刚才抽烟时，不小心烧的。曹小三心想……

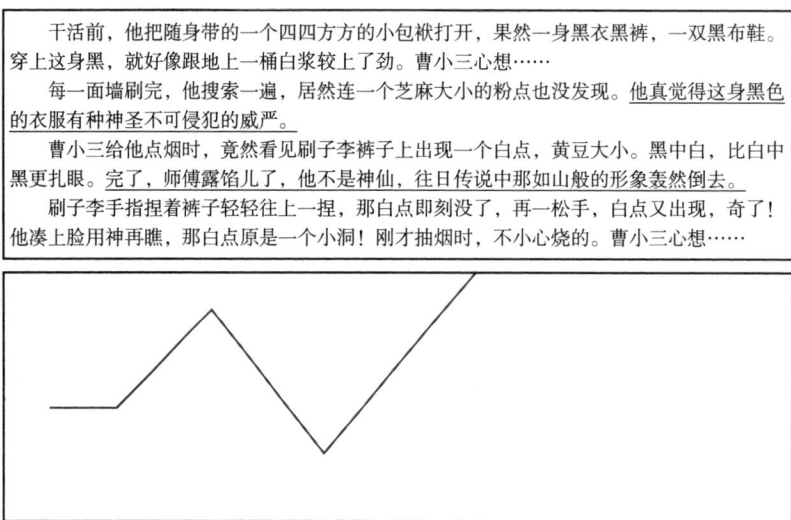

图2.3 图例举例2

3. 直观展现，感受妙处

看着这心理变化图，你知道这故事妙在何处了吗？（一波三折、跌宕起伏……）

分步设置台阶先找到课文中描写曹小三出乎意料的句子，再引领学生一起画曹小三的心理变化图示。利用形象直观的心理图示，帮助学生形象地感受"一波三折"写法的妙处，而不是只粗浅地感知一个概念，这也是促进学生读懂文本的阅读策略。

（三）从一篇到一本——推进生活中课外阅读

一堂略读课文教学课的结束，并不代表学生阅读实践活动的结束，而应当是激励学生从一篇到另一篇，从一篇到几篇，从一篇到一本……让学生养成自主阅读的习惯。通过前面教学活动的铺垫，学生的学习能力、知识维度也同时得到了提升和深化。

（1）《俗世奇人》"奇在人物，妙在故事"。这本小说里每篇都有一个奇人，每篇都有一个绝妙的故事。给大家准备了几篇，去看看这些人物奇在哪里？故事妙在何处？

（2）这本小说里人物的奇、故事的妙还各不相同。《俗世奇人》等待着你们课后的开启。

三、教学思考

陶行知认为："生活教育是给生活以教育，用生活来教育，为生活向前向上的需要而教育。"阅读无疑是生活中非常重要的一部分，而阅读不是简单地提取信息，而是思维力的训练。阅读还应该走进生活，以课内阅读做起点，生发开去，向课外拓展，使学生的阅读水平更上一个台阶。

阅读教学中，联结生活之感悟

重庆市江北区玉带山小学校　李萍

在 2019 年中央广播电视总台举办的"主持人大赛"中，选手蔡紫讲的故事令人印象深刻。

蔡紫讲到，她十分喜欢历史，经常和儿子一起阅读历史书籍，并给儿子讲到了"阳陵虎符"。阳陵虎符是秦代青铜器，为秦始皇调动军队的凭证。其呈卧虎状，可中分为二，左、右颈背各有相同的错金篆书铭文 12 字："甲兵之符，右在皇帝，左在阳陵。"调动军队时，由使臣持右半符验合，方能生效。有一天，蔡紫有事要处理，只能委托他人去学校接她的儿子放学。没两天，他的儿子就送给了她两块可以合在一起的木块，并且告诉她以后不能来接他的时候，就把其中一块给来接他的人，这样他就可以知道这个人是可以信任的，这就是他们家的虎符。

她的儿子能想到用这样的"虎符"来解决自己的安全问题，甚是妙哉，这就是阅读带给一个孩子对于生活的启发与思考。而这个故事也引发了我对阅读教学的思考。

小学语文课文体裁主要有记叙文、说明文、诗歌、小说、散文等，不同文体的文章具有不同的特点，散文语言优美富有画面感、小说人物性格突出、说明文准确介绍事物的特点……但是这些文章都有一个共同的特点——基于生活的再次创作。可以说我们的课文绝对不会脱离我们的生活，我们的生活当中也处处是语文的运用。因此，我在阅读教学中，有了联结生活来帮助学生提高理解能力的思考。

如部编版五年级下册第五单元。这是一个习作单元，这个单元的重点是了解说明文，并学习写说明文。说明文范畴广泛，包括广告、说明书、提要、提示、规则、解说词等。生活中，说明文处处可见，如食谱、说明书、路线牌等。如何联结生活来让学生对说明文的阅读有更深入的了解和认识呢？于是，我想到了"我的拿手菜"这一项活动。

活动初期，我让学生先了解说明文的范畴以及说明文的语言特点；然后再用说明性的语言去完成一张食谱的制作，并与同学交换阅读；最后选择自己喜欢的食谱带回家，按照食谱制作这道菜。活动中，有的学生可以按照食谱顺利地完成这道菜，但是有些学生做菜时就遇到了一些阻碍。在反思的过程中就会发现，有些阻碍出在食谱的书写上，有些阻碍出在对食谱的理解上。说明文以说明白为目的，从作者的角度来说，如何写清楚是关键，从读者的角度来说，如何读懂说明文，也是关键。在这个活动过程中，学生明白了说明文的准确表达和合适的说明方法才能把事物说明白；也明白了在读的过程中，如何去抓住关键信息、提取关键信息、读懂说明文。

还比如六年级上册的第四单元，这一单元是小说单元。小说以塑造人物形象为主，而对于学生而言，准确理解人物形象是难点。在教学《桥》这篇课文时，村支书大公无私、沉着冷静的人物形象离学生生活较远，真正读懂这一人物形象是难点，在教学时，我让学生联系自己的生活实际，进行角色转换，感受生活中如果自己遇到紧急危险会怎么处理；如果你的父亲，面临着这样的紧急情况，又会做出怎样的选择。在这样的角色体验中，学生真正地感受到了村支书的大公无私和沉着冷静。

由此可见，联结生活是有效的阅读策略，而教师就应该在阅读教学中，教会学生如何去联结自己的生活。

语文，和我们的生活有着千丝万缕的联系。课文阅读教学，不能只孤立地去读课文，要引导学生学会联结这一阅读策略。联结策略，往往是以阅读文本为原点，将所读文本与学生的生活经验、背景知识，以及类似文本进行串联。作为小学生，联结自己的生活经验来进行阅读，是学生的阅读本能，但是如何更有效地联结生活经验来帮助理解文本，又需要老师的引导及长期的训练。如何帮助学生运用好联结策略，使我们的阅读课堂更丰富多彩，让学生更才思飞扬，真正地唤醒他们在阅读中的生活体验，提高他们的阅读能力，将是我继续探索的方向。

第三章　表达与生活

第一节　表达与生活融合的必要性

"语文学科核心素养"是一种以语文能力为核心的综合素养，主要包括"语言建构与运用""思维发展与提升""审美鉴赏与创造""文化传承与理解"四个方面。而语言表达能力在"语文核心素养"中占据重要地位，且语言表达能力的培养也一直是小学语文教学中的一大重难点。语言表达分为口头表达和书面表达，在培养学生的这种表达能力时，落实到小学语文课堂教学中就是培养学生的口语交际能力和习作能力。在这一理念下，培养小学生的口语交际能力和习作能力成为小学语文教学的一项重要任务，而小学口语交际教学和习作教学也为全面提高小学生语文素养、培养核心素养和综合素质奠定了基础。

口语交际方面要求学生具有日常口语交际的基本能力，在各种交际活动中，学会倾听、表达与交流，能够文明地进行人际沟通和社会交往，发展合作精神。习作方面则是要求学生能具体明确、文通字顺地表述自己的意思，能根据日常生活需要，运用常见的表达方式进行写作。在践行陶行知先生所提出的"生活即教育"这一理念下，要想提高学生的口语交际能力和习作能力，就必然离不开生活这一源泉，在口语交际和习作的教学活动中，通过与学生的现实生活相结合，找到教学课程与现实生活的契合点，将现实生活中的点滴渗透到课堂教学中，建立起习作和口语交际教学与生活的联系。

"口语"即日常口头交谈时使用的语言，"交际"即人与人之间通过语言、行为等表达方式进行交流意见、情感、信息的过程。《新编语文课程与教学论》一书将口语交际教学定义为"口语交际教学不同于日常生活中的口语交际，它是指在有教师引导学生的情况下，在具体的实践活动中学习口语交际知识，掌握各种口语交际方法，培养学生的口语交际能力的师生双方共同的教与学的活动"。口语交际是人与人交流和沟通思想情感的基本手段，是小学语文教学围绕全面提高学生语文综合素养所设置的一个教学载体。它不仅对培养学生的听说能力具有独一无二的作用，而且在培养学生交际能力和情感、态度、价值观上具有无法替代的作用。与人沟通的口语交际能力在生活、工作、学习等各种情境中的作用日益得到人们重视，成为现代人必备的一种能力，从某种程度上说，它比读写更重要、更实际，更为人们迫切需要。

"口语交际根植于生活的土壤，我们不能将它连根拔起，移植到课堂做'无土栽培'。"丰富多彩的生活无疑是表达的活水之源，唤起学生的生活感知和生活经验，才能让学生在口语表达中说得更真实、更具体、更有趣。在教学活动中，首先应着眼于广阔的生活，让学生从生活中积累丰富的口语表达素材，然后再适当搭建生活场景，引出生活中的各种现象，使学生用已有的知识与能力参与实践生活，让学生学会在真实的情境中学习体验，在参与过程中不断地得到有效训练。小学语文课堂中也应该强调口语交际活动的实践性，与变化万千的真实生活联系，确保课程内容的丰富性，以营造良好的课堂气氛，充分调动学生的学习积极性，实现生活与口语交际教学的自然融合，提高学生的口语交际能力。

学口才之机趣，可拯救文才之枯燥。教学中口语交际与习作是相辅相成的，口语交际能为习作打下基础，因为人与人之间的口语交流，离不开简明扼要的表达，而这种表达又源于对写作的积累学习，写作就是梳理思维、练就条理性的锻炼，教师让学生书写作文就是在保证口语表达准确、清晰、流畅的同时，更好地梳理思路，把无限的思维形成有限的框架，使其成为有逻辑、简洁、明了的文字。

小学习作教学源于生活，又高于生活，叶圣陶先生说，没有充实的生活，写作就是无源之水，很容易枯竭。他提出的"写作即生活"的写作思想观对如今的语文习作教学仍有着深刻影响。只有植根于生活的土壤，写出的文章才会别具一格，富有新意和趣味。语文作为一门与日常生活结合最紧密的学科，无疑是源于生活、服务于生活、发展完善于生活的。语文也是社会生活的反映与拔高，是生活内涵与精神的总结与体现。习作教学作为语文教育的一部分，也是为了生活，用于生活，只有让学生积极地投入生活，真正成为生活的主人，融入生活中，才能产生深切的感受，才能把所思所想沉淀为文字。一些学生之所以习作困难，是因为他们缺乏对生活的理解，缺少对生活的热情，对周围许多的人和事不了解，置身事外且不善于在观察中思考。所以在习作教学中，教师应让学生具备一双善于发现的眼睛，引导学生在生活中认真观察生活，学生会主动去做生活的有心人，在学习过程中不断加强对生活的理解，为写作奠定基础。

"巧妇难为无米之炊。"习作的素材就如同做饭需要的米一样重要，没有素材，习作就会无从下笔，而习作素材最主要的来源就是社会生活，广阔的生活世界是真情实感的来源，再多的写作技法也无法使学生获取情感的原料。这些素材也大多是学生的亲身体验，这些体验能够给学生的表达带来更多真实的感觉，也能让学生发自内心地以更加有针对性的态度去描述，这样的方法写出来的文章会更有温度，也会蕴含更加丰富的情感。只有在日常的习作练习中让学生把注意力放在生活上，善于运用生活当中的点点滴滴丰富习作的素材，才更有助于学生创造性思维的发展和培养，也更能让学生们把自己对生活的重要观点更好地表现出来，为学生的习作增光添彩。

小学语文课堂中的习作教学、口语交际教学等均离不开生活理念的融入，离不开生活中宝贵资源的给予，离不开学生对生活的认真观察与感悟，也离不开教师将教学与生活相结合时丰富教学内容的呈现，割裂语文教学与生活的关系，就不能真正促进学生的全面发展，只有将语文教学与生活相结合才能更好地培养学生的表达能力，培养出拥有健全、独立人格的学生。

第二节　表达与生活融合的策略探究

浅谈习作教学与生活融合的策略

重庆市江北区玉带山小学校　李念

摘要： 本文基于生活教育，教师引导学生做生活的有心人，取材于生活，感悟于生活；同时教师结合生活，以实践体验作为学生习作的主要指导方式；以多元评价方式欣赏学生习作，从教师、家长、同学多维度点评，激发学生的习作热情，让生活成为习作的源泉，指导学生写出真作文、真感受。

关键词： 语文；生活；习作；源泉

一、问题缘起

习作一直是小学生学习语文的一大困难，有时学生为了迎合阅卷老师，便抛弃对生活的真实感受，说假话、说空话、写套话。对于教师而言，习作教学是整个语文教学中最难讲授的，如何引导学生从生活中取材，进而观察生活也成了一项很困难的任务，而批改作文也是所有功课中耗时最长且对学生影响最小的一件事情。

习作离不开生活，每个学生都是一个独立的生命个体，习作教学要把每个学生放在丰富多彩的生活中去感悟、体会，选择自己感触最深的素材，引起情感共鸣，自然也就会书写表达了。

二、解决策略

（一）细致观察，积累生活素材

1. 注重观察，及时积累

小学生的生活并不是枯燥无味的，对他们来说，生活中到处都是新奇有趣或者令人印象深刻的事情。飞翔的鸟儿、娇艳的花朵、繁华的街市等都是吸引学生的"快乐点"。有趣的瞬间总是稍纵即逝的，能不能把这些体验变成自己习作的内容就需要学生把无意识的"看见"、一扫而过的"潜意识"变成有意识的观察，并及时记录下来。在写《我的心爱之物》之前，我便在前一周的阅读教学中，让学生想想自己最心爱的事物是什么，回忆你和它之间有哪些令人难忘的事，记录在课外积累本上。除此之外，平日里为了增强积累效果，我会在午饭后带着学生去操场、花坛等处散步，去感受校园自然之美。学生可以通过绘画、思维导图等方式画出本周让自己感受最深刻的事物，写下自己的想法。每两周进行素材分享会，思维碰撞，分享乐趣，习作课就会有话可说，有句可写。当然课外积累本只是一个培养良好习惯的开始，在学校教会学生观察并记录，是让学生带着这样一种习惯在生活中积累更多的素材，为习作创造一个永不枯竭的源泉。

2. 开放思维，畅想生活

部编版语文教材大多数是命题作文或者是半命题作文，通过同类型的写作方法的引导，使学生掌握好方法再迁移到写其他事物。但是很多学生由于阅读量较少，生活素材积累不够，框定主题之后，如果学生的思路打不开，大部分学生的思路就会限制在同一范围，甚至在一评后教师展示了同学的优秀范文后，很多学生不加思考，纷纷模仿范文写同样的故事，写出来的文章仍然是枯燥乏味的。孩子的思维打不开，缺少生活的体验，这样还能写出好作文吗？当然不能。这时候应该在学生平时习作练习时多布置一些开放性作文，例如以周记的形式写这周学习生活中引起你思考的人和事，让学生挑选自己有话可说的内容，学生的作文就会充满生机。学生只有拥有一双善于观察的眼睛，有一颗敏感的心，才能在生活中不断地去收获体验，获得感悟，培养开放思维，习作便会真正与生活融合。

（二）体验生活，改变指导方式

1. 课堂生成，实践教学

陶行知先生说过："生活是教育的中心。"为了让学生更好地理解教材，促进学习，学生的学习内容也逐渐生活化，如部编版小学语文四年级课本中的做游戏、介绍校园环境等习作，无一不在引导学生着眼生活、细致观察。因此在习作教学时，除了传统的讲授式，教师还可以通过游戏实践的方式，让学生真正走进生活，创设情境去感受主题的奇妙乐趣。例如在写《记一次游戏》时，我精心设计了一个好玩的活动——和水做游戏，讲台上放三杯透明液体，邀请三位同学当一回演员，任选一杯液体品尝，不能让同学们看出自己喝的是什么；台下的学生仔细观察，明辨真伪。通过做活动，学生的积极性被极大地调动了起来，大家对参与者的动作、神态、外貌、语言等仔细观察，学生获得了满满的自我体验。这样的活动增加了课堂的趣味性，提高了学生的专注力，学生从生活实践中获得的体验随着时间的流逝仍旧记忆犹新，学生在下次写作时就能轻而易举地提取素材。

2. 课后延伸，走进生活

教育的源头是生活，生活是学生习作的源泉。学校作为学生停留时间最长的场所，理应充满许许多多的习作素材，但是生活的素材不拘泥于教室、校园，校外的广阔乐园更是学生要去探索的领域。在四年级的观察习作中，要求学生连续细致地观察。这时候我们可以让观察延续到家庭，一颗种子的萌芽，一只蚕宝宝的生长过程，特别是发绿豆芽深受学生的喜爱，学生可以通过对事物颜色、形状等各个方面的观察，发现事物的细微变化，准确直观地抓住其特征。这些生长方面的细节是平日教学里只靠播放图片难以呈现的。只有真正参与实践才能清楚地了解事物的变化特点，获取真实的生活体验，才能写出属于自己独一无二的观察日记。

（三）重构机制，丰富生活评价

1. 多元评价生活化

当前进行的习作评价，多为教师对学生进行的单方面评价，并且在评价时只是书面评价，因此教师的评价就显得尤为重要了，最好从不同角度去评价学生的习作，让学生了解自己的不足。教师可以从内容、感情、写法、语言等各个方面去点评，突出生活化色彩，以鼓励为主，学生发现从生活中取材的新颖性和趣味性，强化留心观察生活的重要性，给予学生写作信心。例如在四年级写人物时，《小小"动物园"》里有"老虎"妈妈，精明"猴爸"，故事充满了学生的丰富想象力，语言童趣可爱。在点评时就可以说"你观察可真细致，你有一个严厉却很慈爱的母亲，我感受到了妈妈对你的疼爱"，"你的爸爸真是一个理财小能手，无愧'猴爸'称号"。通过认同式的评价，学生在下一次写作时一定会更加仔细地观察生活中的事物，也更有信心写作了。

在校园学习过程中，很多学生除了希望从教师那里得到赞许和认同，同学的认可也能激发创作热情。不同学生对同一题目的理解不尽相同，生活体验不同，选材立意也不同，学生之间的互相批改有利于学生了解其他人在同一题目下的理解方式，学生的评价会更贴近生活。他们的评价角度往往是成年人忽视的，因此在互评时教师要大胆挖掘学生才能，结合自己的生活经历去品读学生的习作，积累更多的生活感悟。

除老师、学生的自评、互评外，还可以让家长评价，家长评价的角度也会有所不同。父母是最了解孩子的人，他们对孩子的习作也会有不同的想法。例如在五年级上册"给父母的一封信"中，孩子抓住了生活中父母关爱自己的细节，家长在点评时就可以告诉孩子"你懂事了，你能理解父母对你的关爱了，我们很感动"。结合多个点评，不同的评价者不仅能够关注到生活中的不同细节，还能够关注到一些教师没有关注到的角度和地方，使学生可以全方位了解自己的不足之处，大大提高写作水平。

2. 多维评价生活化

教师在评价时容易寻找学生的错误，对于优点总是忽略较多，因此在评价习作时尽可能地多维度去评价，特别是多用一些评语去评价学生蕴含情感的语句，与学生进行情感交流，引起思想的共鸣，学生看到后，会觉得原来老师也是感同身受的。例如，有学生在习作中写到母亲在他生病时半夜背他去医院看病的经历，描绘了母亲额头浸出细汗，衣衫湿透的细节。教师的评语就写道："看到你的习作竟让老师想起儿时我经常体弱多病，母亲也是这样在夜里喂我吃药、照顾我，你的语言让我感受到了你对母亲的深切爱意和感激，如果我是你的母亲，一定会很欣慰的。"如此感同身受的评语，我想学生看见后一定也会很高兴的，也会主动地接受老师提出的修改意见，这既提高了学生的习作水平，也增加了学生的兴趣。

三、结语

"纸上得来终觉浅，绝知此事要躬行。"课堂上教师短暂的习作教学指导是不够的，小学生的习作素材还是源于对生活的热爱和感悟。学生要想妙笔生花，习作绽放光彩，还需返璞归真、回归生活，让生活成为习作的源泉！

参考文献

［1］李硕.当下作文教学对叶圣陶作文教学思想的接受：主张学生多写生活作文［J］.现代交际，2016（17）：237.

［2］胡斌.日常生活作文：个体精神世界自觉建构之途［J］.中国教育学刊，2012（7）：69-72.

以生活为地基，赋予习作拾级而上的力量

重庆市江北区玉带山小学校　瞿炼

摘要： 教材、教师、学生三者如何在习作教学中更好地互通互融呢？基于生活融合的基本理念，创设真实的写作情境、搭建思维支架、进行问题式分解，有方法式引导，确保习作目标明确，言之有物、言之有序、言之有法。这样习作教学才能更好地基于学情，引导学生更好地表达，写出内容充实、情真意切的习作。

关键词： 统编版教材；支架搭建；习作教学

习作是语文教学的重点与难点，集中反映了学生观察生活、表达生活的能力。只有充分调动学生的生活经验，以生活为地基，以支架为方法，进行"写什么"与"怎么写"的指导，才能确保学生的习作有目标，实现言之有物、言之有序、言之有法，更好地表达生活中的真善美。

一、搭建情境支架，言之有标

"写作是作者与读者之间运用背景知识，基于交际目的，针对具体语境而进行的意义建构和交流活动。"学生的思维以直观形象为主，他们容易被真实、具体、形象的事物感染，其情感往往是在特定的情境中产生的，融合着丰富的生活体验。写作动机除了源于自身表情达意的需要，更多的是需要外部因素去刺激学生。所以，在习作指导过程中需要创设与写作内容相应的真实生活情境。教学时，教师可借助教材中的"写作提示"设计生活化的交际情境，让学生明确习作"为谁而作""为何而作"，调动生活经验，有话想写，提升习作的针对性和生活指导意义。具体而言，教师可以从以下两方面着手。

（一）形成真实的生活情境

真实的习作生活情境接近或等同于现实生活本身，有助于习作任务回归到真实的生活情境中。这种真实的写作情境可以将课堂习作与表达记录生活的需要合二为一、融为一体，塑造真实的习作背景、任务、目的和读者。统编版语文教材中的习作提示贴近生活本身，利用教材中的文字提示勾连生活，既调动了学生学

习的积极性，又创设了写作教学的任务情境。

例如统编版《语文 四年级下册》习作"说说心里话"的话题作文，教师可以用"某某小朋友最近遇到了烦心事，需要我们帮他解决"的情境去激发学生的说写冲动。当然，这种动机的激发，一定要言出必行，这样的有为而作学生才会有获得感，才会对习作产生并保持浓厚的兴趣。

再如统编版《语文》三年级上册习作"猜猜他是谁"，在教学时，教师可以搭建如下支架式提示：我们来做一个"猜猜他是谁"的游戏吧！选择一名同学，用几句话或一段话写一写他。如果你写得好，就可以在班级墙报上发表。规则是不能在文中出现他的名字但是要让别人读了文章之后，能猜出写的是谁。这种提示支架巧妙转化了教材中的文字，设置具体语境勾连学生的真实生活，创造了一个真实的游戏任务情境。游戏对象即为读者，游戏目的即为习作目的，让习作回归学生的真实生活情境。

（二）创设拟真的生活情境

任何教材都不可能让每一篇习作都在真实生活情境中展开，当无法创设真实的生活情境时，就要充分挖掘教材中隐含的写作信息，创设联结生活的拟真情境，以明确写作的话题、目的和读者。例如统编版《语文》三年级上册习作"续写故事"，要求学生观察图画，想一想接下来会发生什么，接着把故事写完，然后和同学交流习作，说说你更喜欢谁写的故事。根据教材中的习作提示，教师可以搭建如下支架式提示：同学们，班级《故事作文》征稿开始啦！请你观察教材的图片，看看图片讲了什么事情？接下来可能会发生什么？接着把故事写完。写好后读给同学们听，获得支持率高的同学，就可以参加《故事作文》征文竞赛。这一"征文竞赛"任务情境是基于对教材习作提示的仔细分析，是基于对教材背后隐藏信息的合理挖掘，更是基于学生争强好胜的学习心理而设计的。将教和学融于拟真情境，让学生在拟真的活动之中明确写作的话题、任务，定位评鉴作品的读者，进而选择合适的写作方法完成写作任务，学生的写作思维水平便在一个个具体的支架和综合的具体情境中不断提升。

二、搭建思维支架，言之有物

"写什么"比"怎么写"更具难度，需要教师根据表达需要，搭建适合的"内容支架"，帮助学生打开思维，找到"写什么"的方向。但是，小学生正处于思维发展的具象阶段，有了"写什么"的方向不一定能找到具体"写什么"的内容，这就需要制作思维导图，帮助学生勾连生活，搜集、整理生活经验中的相关信息，找到具体的写作内容。制作思维导图的过程，就是思维具象的过程，就是信息结构化的过程。

打开思维，在于唤醒，在于点燃。一方面要利用好教材上的提示语言，引领学生明晰要求，写人的要弄清可以写作的对象，尽可能地不束缚学生的思维，打开选择空间，帮助学生解决角度、选材等问题。另一方面，还要帮助学生打开行文思路。统编版《语文》四年级上册习作《我的心儿怦怦跳》的习作教学，可以利用"心电图"帮助学生打开行文思路。当然，"心电图"的"峰谷"位置应标明关键的时间节点，如写"坐过山车"，可以做好"启动—上坡—回环—下坡—停止"的标注。至于情绪波动的心情词语就不用标注了，因为有个体差异，在关键的时间节点上，不同的人感受是不同的。对于胆小的人，大回环时可能是极度紧张害怕的，但是对于富有挑战精神的人来说，那可能就是特别刺激的。因此，教学时不要人为地限制学生的思维，要进行有效的引领，这样学生才会有话可说、有话可写。

以统编版《语文》四年级下册习作"我的奇思妙想"为例，教师可以从发明的东西的样子和功能两个方面出发，制作习作内容提示支架，丰富习作内容。写作内容的思维导图，适合儿童思维发展特点，有利于帮助学生经历从信息混乱到有序再到具体的过程。在此过程中，学生逐步聚焦新发明每项功能的特征和用处，找到"写什么"的具体内容。

三、搭建问题支架，言之有序

解决了"写什么"，紧接着就要解决"怎么写"的问题。有的学生缺乏"事物分解"和"写作展开"的表达经验，即使有了生活化的写作素材，也难以有序地表达。这就需要教师给予适时的指导和提示。搭建问题性提示，促进事物分解。学生缺乏将事物具体细化的能力，教师可以搭建"问题提示"帮助他们进行内容分解。以统编版《语文》三年级上册"这儿真美"为例，教材要求以"操场后面的小花园真美……"为中心句展开描写。教师在教学时，可以搭建问题提示支架：操场后面的小花园有哪些美景？这些景物的哪些地方让你感受到了美？如此，将"小花园真美"这个"大项目"进行分解，依据问题逐渐分解图习作内容提示支架成"花美""假山美""飞来的蝴蝶美"等若干小项目。这样的引导，帮助学生将"小花园真美"写得具体详细，让学生的写作表达翔实有序。搭建问题性提示，引导习作展开。将事物"写生动"是小学阶段重要的训练目标之一，也是学生写作的难点。究其原因，不是缺乏好词佳句，而是缺乏将写作话题展开的策略。这就需要搭建"问题支架"，帮助学生将瞬间发生的事、综合性的物分解展开，写出特点，写得生动。以统编版《语文》四年级下册"我的动物朋友"为例，学生要写出动物朋友的"可爱"，就可以进行提问分解，你从它的哪些生活习性中发现可爱这一特点的？依据问题逐渐分解图习作内容提示支架成"吃喝拉撒睡"等若干小项目。继续提问，从哪些地方表现出吃得可爱的？从哪些地方表现出睡得可爱的？如此引导，将"写什么"与"怎么写"融合起来，将作文结构与内容融合起来，更将学生的思想情感与写作表达变得丰富、深刻。

四、搭建方法支架，言之有法

（一）紧扣教材，让生活表达有例可循

著名语言学家张志公先生说过："模仿是学习的必经之路。"对于刚刚接触写作的学生来说，由不会写、写不好到能够进行生动的、个性的表达，需要教师在阅读与写作之间架起一座神奇的彩虹桥，让学生的写作之路五彩缤纷。仿写首先需要有一个文质兼美的范本。我们语文教师总是苦苦寻觅适合学生仿写的范本。事实上，"自家的后花园也有宝藏"，"众里寻他千百度，蓦然回首，范文就在教材的字里情深处"。学习作文，就要学习名家的精准聚焦，仿出精彩。

"习作例文"是统编版教材习作单元里设置的一个环节。它安排在精读课文、"初试身手"之后，又在"习作"之前，承上启下，既与精读课文互为补充，又

能起到指导习作的作用。它强化了读与写的关联性，为阅读铺路，从读学写，以写促读。

（1）示范性。例文是一种范文，是习作的范例。例文以教材的形式出现，是习作的引领和支架，要很好地利用例文的示范引领作用。如三年级上册第五单元习作例文《我家的小狗》《我爱故乡的杨梅》就是经典名篇。

（2）选择性。对于例文，不应从篇章入手进行完整的教学，而应分部分、有选择地学习文中某一方面的写法，避免把它当作略读课文来学习。习作例文带着"批注"，学生容易发现写作的密码和方法。

（3）融合性。例文与单元习作教学融为一体，可以用于习作前指导、用于习作后讲评，也可以边习作边参考。这些批注既是文章的重点和精彩之处，也是学习难点和疑点所在，更是一种阅读方法的示范。"不动笔墨不读书"。在三年级以后，习作单元的两篇习作例文都有详细的批注，以指导学生有效习作。有的重点课文也标有全文批注。例如：三年级上册第五单元习作例文《我家的小狗》《我爱故乡的杨梅》，三年级下册第五单元习作例文《一支铅笔的梦想》《尾巴它有一只猫》，四年级上册第五单元习作例文《我家的杏熟了》《小木船》，五年级上册第五单元习作例文《鲸》《风向袋的制作》，六年级上册第五单元习作例文《爸爸的计划》《小站》等。

习作单元中安排两篇习作例文，并注有很多旁批。这是习作教材编写的一种新尝试。两篇习作例文都有详细的示范性批注，要求众多，内容复杂，需要基于整合优化思想，进行主次、轻重的取舍。

（二）关注文体，让生活表达有方可倚

注重写作的文体是现代写作教学的重要特征之一，也是统编版教材的特色之一。教师指导时应围绕写作话题，发掘教材中"文体性知识"，设计"文体提示支架"，帮助儿童建构文体经验。小学阶段的文体知识可以分为一般性的文体知识和核心性的文体知识两类。

一般性的文体知识，主要是针对特殊的实用文体而言的一般性格式，如书信、日记等。这些实用文体的一般性文体知识，处于写作起始阶段的学生很难独立发现和注意，需要教师提示和讲授，统编版教材用"范例"的形式提供了这一语文知识的教学材料。例如统编版《语文》三年级上册习作"写日记"，就以范例形式呈现文体知识，教师在教学时可以借助"范例"进行讲解，引导学生注意观察"本文"的不同，发现日记的特殊形式，引导学生注意和应用日记的一般性文体知识。

核心性的文体知识，是指一种文体区别于其他文体的典型知识，例如故事写作的"冲突"。为了帮助学生获得文体的核心性知识，需要教师在学生学习写作的不同阶段，设计不同的"文体提示支架"进行支持与帮扶。以统编版《语文》四年级下册"我的动物朋友"为例，教师可以设计"文体提示支架"——明贬实褒，表面上写出其让人不胜其烦的缺点，实则表达自己的喜爱之情。再以统编版《语文》三年级上册习作"续写故事"为例，教师可以设计"文体提示支架"——冲突，通过介绍故事写作的典型特征是冲突，什么是冲突，冲突有什么表达效果等核心文体知识，帮助学生理解和应用核心文体知识。

五、结语

习作是一个源于生活又高于生活的表达系统。习作指导要重视全过程的指导。搭建真实的情境支架，形象的思维支架，具体的问题支架，有效的方法支架，能够帮助学生更好地联系生活、调动生活、书写生活。总之，写作支架是一种遵循学生心智活动规律的写作教学主张，更是一种贴合学生需要的写作教学策略，既循序渐进，拾阶而上，又指导方法，具体落实，值得教育教学研究者不断探索。

参考文献

［1］王荣生.写作教学教什么［M］.上海：华东师范大学出版社，2014.

［2］齐敏.小学作文"支架问题"教学研究［D］.上海：上海师范大学，2013.

［3］张艳,姚梅林.支架式教学在写作中的有效应用[J].语文建设,2009(10)：39-43.

浅析生活语境中口语交际的指导策略

重庆市江北区玉带山小学校　李婧

摘要： 口语交际是小学语文教学中的重要组成部分，是学生在生活中的必要技能之一，它不仅可以培养学生的听说能力，还能提高学生的语言组织能力、交往能力，对学生情商的发展也有一定的促进作用。但在具体的口语交际课堂中，学生反应积极，教师评价却存在过于随意、针对性不强等缺点，这直接影响了教师教学和学生运用的效果。基于此，本文尝试就口语交际的指导策略提供一些建议和方法，力求优化课堂教学，让学生更好地把口语交际用于生活。

关键词： 口语交际；生活；指导策略

一、问题缘起

语文在于学，更在于用。为更好地贯彻落实学以致用，现行部编版语文教材中专设口语交际这一学习任务，引导学生"具有日常口语交际的基本能力，学会倾听、表达与交流，初步学会运用口头语言文明地进行人际沟通和社会交往"。由此可见，口语交际是人与人沟通与交流的基本手段，是基于生活又服务于生活的一种能力训练。但在具体的口语交际课堂中，学生反应积极，教师评价却存在过于随意、针对性不强等缺点，这直接影响了教师教学和学生运用的效果。基于此，本文尝试就口语交际的指导策略提供一些建议和方法，力求优化课堂教学，让学生更好地把口语交际用于生活。

二、解决策略

（一）针对指导：创设真实的生活情境

语文新课标指出："口语交际是听与说双方的互动过程，教学活动主要在具体的交际语境中进行。"只有真实的生活情境以及具有生活指向意义的交际任务才能让学生有话可说。同样地，教师也只有围绕生活情境，进行针对性的指导，学生才能得到交际能力的训练，并在日常生活中进行迁移。换言之，每一个生活情境出现的问题都不一样，教师要基于问题、结合情境，给学生的具体交际提出有针对性的改进建议，不断提高学生的口语交际能力。

例如，在口语交际《商量》一课中，教师提出了"向同学借的书没有看完，想多借几天""最爱看的电视节目就要开始了，但爸爸正在看足球比赛"等情境，帮助学生训练商量的语气，把自己的想法讲清楚，更要针对不同的对象选择不同的方式商量。这些情境都是在日常生活中常常出现的，教师在课堂上引导学生交流，针对特定的情境及时评价，学生改进，并在日常生活中反复运用，实现更好的人际沟通和社会交往。

（二）多元指导：适应丰富的日常生活

学生是学习的主体，在口语交际的教学中，学生也可成为评价与指导的主力军。学生由于生长环境不同，接触事物不同，生活经历不同，阅读量不同，针对同一话题的想法、见解自然也存在差异。基于此，教师可以在教学中注意加强学生的自我评价及学生之间的相互评价，促进学生主动学习、相互学习，形成自我反思的能力。学生之间也可以形成团队，小组合作完成评价，逐渐提高学生的评价和协作能力。根据学习任务的需要，教师还可以邀请家长、社区服务人员、专业人员等进入特定的口语交际任务中，以多元、专业的角度评价学生的交际情况。在这样多元的指导与丰富的评价维度中，学生才能真正与变化万千的生活接轨，提升源于生活又用于生活的口语交际能力。

（三）有效指导：关注日常交际的过程

在日常生活中，口语交际是实时进行的。对话双方在听与说的互动过程中，达到沟通与交流的目的。在课堂教学中，教师就是学生的听众，需要对学生的交际过程予以关注，在学生完成交际内容后予以及时的评价反馈，引导学生发现问题，完善口语表达，提升自己。如在二年级上册《做手工》中，教材提出了"你做的是什么手工、是怎么做的"这一交际情境，教师就可以根据学生的交际内容进行及时评价，如"你用了'先''再''接着''然后''最后'等连接词把做手工的过程讲得非常清楚"，或者"讲得不是很清楚，如果你能按照前后顺序来讲，相信你一定能讲明白"。

总之，教师需在学生完成口语表达后，及时反馈，结合具体的生活情境提出有效的改进方向，尽可能采用激励性的评语，从正面引导学生加强口语交际能力。

（四）个性指导：提升用于生活的信心

五指长短尚且不一，学生在学习成长上也具有明显的差异性。在口语交际教学中，由于交际的话题往往与日常生活结合紧密，大多数学生都能有话可说。但由于缺乏深入的思考，一开始往往不能形成流畅的表达。这时候教师就可以根据学生平时的表现进行评价，予以正面鼓励。当然也有同学讲得很好，这时教师可以引导其他学生取长补短，借他人之长来完善自己的口语表达。在此过程中，教师要注意收集、积累能够反映学生语文学习与发展的资料，帮助教师进行个性评价，尽可能纵向比较，引导学生发现自己的进步，鼓励学生自信表达。

三、结语

语言有其重要的工具属性，口语的学习与表达自然不能处于生活的真空中。要想提高学生的口语表达能力，教师需要引导学生开拓丰富的生活资源，让学生在贴近生活的情境中，进行口语表达的训练。与此同时，口语交际的评价也应丰富多彩，以适应灵活而复杂的现实交际环境。为此，在教学时，行之有效则利于学，反之亦然。在此过程中，更需要教师甄别、诊断、激励、引导，帮助学生加强自身能力，让口语交际学于课堂，用于生活。

参考文献

［1］张振考.改进口语交际教学评价的建议［J］.小学教学参考，2020（16）：96.

［2］卢屹.聚焦生活 畅所欲言：低年级语文口语交际教学中的策略［J］.小学生（下旬刊），2021（1）：128.

［3］宗怡如.小学语文口语交际评价策略之我见［J］.科学大众：科学教育，2018（8）：65.

［4］陆瑞娜.浅谈小学语文口语交际的命题与评价［J］.课外语文，2018（34）：24.

第三节　表达与生活融合的实施案例

如何在生活中寻找永不枯竭的作文素材

重庆市江北区玉带山小学校　谭孙妤

一、问题缘起

一直以来，习作都是学生的学习难点，也是教师的教学重点。要写好一篇文章，不仅需要扎实的文学功底，还需要真实的生活素材予以支撑。对于各种类型的习作，学生的作文要想文从字顺、内容充实，离不开对生活的观察、经历和感受。但如何才能引导学生从生活出发找寻写作素材？本文将从五个维度提供相应的解决策略。

二、解决策略

（一）从生活中去"写人"

三到六年级的语文习作中，大部分习作题目都与人物描写息息相关。描写某个特定人物，不管是真实人物，还是虚构人物，都是离不开想象的，但每个人物的原型一定来源于生活。

三年级上册第一单元的作文题目《猜猜他是谁》就需要同学们依托平时对班里某个同学外貌的观察，描写出该同学的外貌特征。这里的同学不会是虚构的，一定是我们现实生活中真正能朝夕相处的同学。我们不仅会在生活中观察同学，我们也会观察自己、家人、朋友、老师……这些素材都是我们习作所需要的，如四年级上册第二单元作文《小小"动物园"》、四年级下册第七单元《我的"自画像"》、五年级上册第二单元《漫画老师》等。所以，在写作教学中，要引导学生观察生活中的人物，在生活中积累语文习作素材，以此作为打开写作宝库的"金钥匙"。

（二）从生活中去"写事"

学生在成长过程中，总会经历生活中的酸、甜、苦、辣，调动起喜、怒、哀、乐的情绪，从而，把自己真实经历的生活故事当作素材写进作文中。《诗大序》有云"情动于中而形于言",言明了情感与文学的密切联系。所以,习作题目中关于写事的内容,往往来源于生活体验。例如三年级上册第八单元《那次玩得真高兴》就是让学生叙述生活中一次玩得高兴的事情,他们很容易就能从生活中寻找到这样的故事。又如四年级上册第六单元《记一次游戏》,也是写生活中玩耍的事情,还有《我的心儿砰砰跳》《那一刻,我长大了》等,都是很有意思的生活故事。在写作教学中,要积极引导学生将记忆中的生活体验精妙地转化成习作素材。

(三)从生活中去"写景"

无论是雄奇瑰丽的大好河山,还是日常所见的校园一角,这些美丽的景物,都需要学生们的细致观察。他们只有善于观察美、发现美,才能在自己的习作中去创造美。例如三年级上册第六单元习作《这儿真美》,需要学生去认真、有序地观察生活景物,景物也赋予了他们美的感受,才能把一景一物都写得栩栩如生。又如五年级上册第七单元《___即景》,要求学生观察一种自然现象的过程,并把自然景观写出来。如果学生在生活中没有观察过风、霜、雨、雪,他们怎么能写出精彩的写景作文呢?

(四)从生活中去"写物"

无论是生活中的动植物,还是身边的一个小物件,都可以成为学生观察的对象,并赋予这些事物新的"生命"。对于事物的观察,学生往往有自己的视角。正是由于生活中他们观察的角度不同、时空不同、心态不同,才会有那么多丰富的素材。例如四年级上册第三单元写观察日记,既是生活中的一次观察训练,又是习作素材的呈现,把生活和语文学习结合起来。再如《我的动物朋友》《我的心爱之物》等习作,也都是把作文和生活融合在了一起,教师在写作教学中要激发学生的观察能力,调动其生活经验,积累丰富的习作素材。

(五)从生活中去"想象"

学生们千奇百怪的想象,是最有活力的素材来源。这可以说是学生们最喜欢的一个习作主题了。丰富的想象往往能在生活中找到影子。正是由于对生活的热爱、对事物有不同的看法,学生才会把生活和想象结合起来,创造出无数精彩的故事。例如三年级上册第三单元的"我来编童话",让学生借助图画和提示来编一个故事。

如果没有生活经验，他们怎么能编出许许多多有趣的童话故事呢？如果没有看书本、电视剧、电影里的童话故事，他们怎么能借鉴和模仿别人的想象呢？所以，这一个个精彩的童话故事，同样离不开生活素材。再如《我的一天》《我的奇思妙想》，教师在教学过程中要引导学生基于生活进行大胆、合理的想象。

三、结语

对于小学习作教学而言，除了教授写作技巧，更重要的是要让学生建立习作和生活的联系。所以，要想习作写得好，一定得和丰富的生活结合起来。用自己的双眼去观察生活，用自己的内心去体会生活，而后用自己丰富的语言去表达感受、抒发情感，再与学习结合起来，让生活变得更加有趣精彩，从而使生活得到升华，变得更有意义。学会在生活中积累素材，再把材料运用到自己的作文中，这才能让语文学习变得轻松，才能让学生用更真实的事件和想法去为自己的作文添砖加瓦。简而言之，生活教育是习作的基础，习作是生活的"向导"。

让课堂对接真实的生活
——统编版语文四年级下册第二单元口语交际《说新闻》教学案例

重庆市江北区玉带山小学校　冉娅妮

一、问题缘起

我们的生活丰富多彩，是一个不断变化的过程，有变化就有新闻。每天，广播、电视、网络中的各类新闻扑进我们的生活，各大媒体新闻不断涌现，给信息的甄别、筛选、交流带来挑战，也给教育的发展提出了新课题——学生是社会群体中以"童心"体察世界的特殊群体，他们逐渐长大，开始越来越多地关注自己成长的环境，想了解我们的城市、国家乃至世界都发生了什么事，如何选择、提炼、传播、评价信息，进行有效的信息交流，在日新月异的世界中"把握动态的生活""关注事态的变化"是学生成长的需要。仅凭借课堂难将课程与学生的生活实际紧密相连，要以课程为"引"，从课内延伸到课外，由课时活动变为项目式实践活动。"口语交际课"便成了语文学科生活化的一架桥。

二、教学内容

统编版四年级下册第二单元的口语交际话题是"说新闻"，这次口语交际的目的是拓宽语文学习的路径，培养学生关心时事的意识，助力学生综合素养的提升。"能准确传达信息，清楚、连贯地讲述"是本单元口语交际的要求。

三、设计理念

《语文课程标准》明确指出："语文是最重要的交际工具，是人类文化的重要组成部分。"这就说明了提高学生口语交际能力，让学生掌握这一交际工具是语文教学的重要任务，而生活是进行口语交际的源泉，在生活中进行口语交际，从生活中来，回到生活中去，只有这样，口语交际才会在生活的土壤里深深扎根，才能枝繁叶茂。教师要积极引导学生自觉地投入日常生活，多渠道采集信息，通过课外实践，将口语交际融入学生的生活，融入整个社会生活，让"说新闻"走向开放的、动态的、完全生活化的过程。

四、案例分析

（一）学情初探，任务驱动

首先，我对全班的学生进行了问卷调查，问卷内容如下：

关于新闻关注度的调查问卷

亲爱的同学们：

你们好！这是一份关于大家对新闻关注程度的匿名调查问卷，所有的问卷信息我们都只作为课题研究分析，请按照你的真实想法来填写问卷中的每一道题目，答案无对错之分。感谢你参与本次调查问卷。祝大家学习进步，快乐成长！

注意：除有特殊说明和需要文字填写的题目外，其他均为单选。

1. 你的年龄＿＿＿，性别＿＿＿，所在的班级＿＿＿＿

2. 你是否学过新闻播报（　　　）。

　A. 是　　　　　　　　　B. 否

3. 你关注新闻的频率是（　　　）。

　A. 每天都关注　　　　　B. 每周三至五次

　C. 基本每周一次　　　　D. 极少关注

4. 你关注新闻的原因是（　　　）。

　A. 感兴趣　　　　　　B. 为拓宽视野和思维　　C. 对学习有好处

　D. 父母或老师要求／建议　E. 周围人影响　　　　F. 其他

5. 你通常使用以下哪些途径获取新闻（　　　）【可多选】。

　A. 报纸杂志　　　　　　B. 广播

　C. 电视　　　　　　　　D. 电脑（台机、笔记本）

　E. 平板电脑　　　　　　F. 手机

　G. 其他途径（如口头传播等）

6. 你每次浏览新闻信息持续的时间是（　　　）。

　A. 超过一小时　　　　　B. 约一小时

　C. 约半小时　　　　　　D. 不足十分钟

7. 你最常关注的新闻类型是（　　　）【可多选】。

　A. 时政新闻　　　　　　B. 社会新闻　　　　　C. 财经新闻

　D. 体育新闻　　　　　　E. 军事新闻　　　　　F. 科技新闻

　G. 娱乐新闻　　　　　　H. 法律新闻　　　　　I. 其他

8. 你认为从以下途径获取新闻的可信度怎样，请从高到低排列（　　　）。

　A. 报纸　　　　　　　　B. 杂志　　　　　　　C. 广播

　D. 电视　　　　　　　　E. 门户网站　　　　　F. 新闻论坛

G. 搜索引擎　　　　　　　H. 网络新闻客户端　　　I. 其他（如口头传播等）

9. 你认为浏览新闻的主要目的和作用是（　　　）【可多选】。

A. 增长知识　　　　　　　B. 舆论监督和引导　　　C. 娱乐

D. 了解时事　　　　　　　E. 文化向导　　　　　　F. 反映社会现象或问题

G. 提供服务　　　　　　　H. 社会管理　　　　　　I. 教育

J. 政治宣传　　　　　　　K. 其他_____（请填写）

10. 影响你关注新闻的最主要因素是（　　　）。

A. 个人态度　　　　　　　B. 时间

C. 信息资源　　　　　　　D. 周围人群对新闻的关注度

E. 其他_____（请填写）

11. 在浏览新闻后，你通常的做法是（　　　）。

A. 深入思考　　　　　　　B. 浏览其他相关新闻　　C. 分享并讨论

D. 做出自己的行动　　　　E. 看看而已

调查结果显示，大部分学生没有关注新闻的习惯，少数学生对体育新闻、地方新闻有所了解，在他们看来新闻都是熟悉而又陌生的存在。针对这种情况，我开始给学生布置任务：以小组为单位，组内分工，全员加入，每人每天回家收集新闻，途径不限，角度不同，可从时事、体育、法律、社区等多角度关注，试着记住一至二条，以小组为单位轮值说新闻。刚开始时，学生只能用一两句话来说。对于表现精彩的，我适时进行表扬、鼓励，同时教给学生叙述的方法，即讲清楚时间、地点、人物、事情，逐步培养学生口语的表达能力和方法技巧。

（二）链接生活，新闻探路

1. 办新闻小报

（1）找素材。学生们在"听与说"中潜移默化地对新闻的不同来源、不同类型有了更深的了解，口语表达能力突飞猛进，每个学生能清楚地说明新闻的来源，有条理地叙述每条新闻发生的时间、地点、人物和事情的经过。但多数学生的新闻来源于电视、网络，为了让学生搜集新闻材料的范围更广，我引导学生除了从电视、网络搜集，还从《重庆日报》《重庆晨报》《巴渝都市报》等报纸中搜集新闻，还可以到校园、社区等不同地方走一走、访一访，去发现身边更多的新闻，指导学生选取自己喜欢的新闻摘录、剪贴、记录……这样能锻炼学生的观察、筛选能力。

（2）办小报。有了素材，我再让每个小组办新闻小报，手写或剪贴均可。学生自主设计制作新闻小报的兴致越来越高，每天关注新闻、报纸的时间也越来越多，有的学生还当起了小记者去采访身边的人、了解身边的事。在他们的小报中，新闻选材从学校活动赛事、家中新鲜事、社区稀奇事到国际时事，既关注了不同地域，还涵盖了疫情、环保、天气、政治、经济、科技等多领域，可谓包罗万象（图3.1）。他们打破了小组的局限，在全班范围内自由组队，发挥各自所长，把自己积累的各种各样的新闻内容分组归类、整理、边框底纹装饰、自由设计小报形式、刊头等。学生的参与热情高涨，设计出了很多优秀小报。

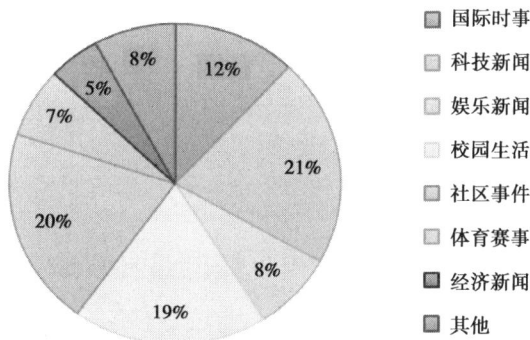

图 3.1　新闻选材统计图

2. 新闻展

展览时，同学们互相参观点评，还评选出了"紫荆小记者"。一张张小报色彩鲜艳，形式灵活多样，内容丰富多彩，大家心中的成就感油然而生。

3. 主播带你看世界

利用班会召开"新闻发布会"，让学生将自己事先准备好的新闻向大家播报，每位学生都参与其中。各小组推荐代表当评委，选出"新闻达人"。评选标准如表3.1所示。

表 3.1 "新闻达人"评选标准表

评☆要求	评☆标准	星级
1. 播报新近发生的事件，尊重事实本身，不随意更改内容	☆	
2. 说明来源，清楚连贯地讲述	☆	
3. 有自己对新闻的看法	☆	
4. 关注国际国内重大事件	☆	
5. 可以加上体态语	☆	

学生播报的新闻内容丰富，也都各自发表了对新闻的看法，"听众"也能及时回应，提出不同的看法，教师便抓住契机，适时进行多元性点拨，提示学生对新闻中反映的社会现象可以表示赞成，也可以反对，还可以提出号召、倡议等。毕竟在自媒体时代，各种声音混杂，四年级学生辨别是非的能力还不强，因此在引导学生的过程中，教师的价值观引领意识要强，要特别关注"立德树人"的价值观。

（三）回馈生活，拓展延伸

班级设置了"新闻天天见"直播栏目，学生每天晚上 8：00 准时在我们的平台直播自己了解的新闻，让同学们足不出户便知天下事。

五、案例反思

在这次"说新闻"的项目式学习活动中，学生各有不同的收获，增强了学生从小看新闻、关心国家大事的主动意识，让学生在学习中了解时事，锻炼了学生收集信息、处理信息、接受信息和传递信息的能力，扩大了学生的思维格局，让口语交际在生活中真实发生，借"新闻之窗"感知生活、思考生活、热爱生活。

以教材为衔接点　打通生活与习作的双通道
——部编版五年级上册六单元读写结合指导案例

重庆市江北区玉带山小学校　郑静

一、问题缘起

《语文课程标准》针对小学高年级提出"养成留心观察周围的事物的习惯。有意识地丰富自己的见闻，珍视个人的独特感受，积累习作素材"。鲁迅先生也说过"写作时第一需要观察"，观察生活、感受生活，才能有感而发，进而笔下生花。

阅读与写作是语文教学的两大支柱，阅读指向信息的吸收，写作指向信息的传播。作为老师可以结合写作要求帮助学生打通生活与习作的通道，从生活中来，到习作中去。

二、解决策略

部编版教材在阅读、习作设计方面进行了整合，许多写作和阅读是有机融合的。例如部编版五年级上册第六单元习作要求，"生活中，我们会有很多心声想对别人诉说：告诉爸爸妈妈对某个问题的不同看法，跟朋友诉说自己成长中的点滴烦恼，向为社会做出贡献的人表达敬佩之情……把你想对他们说的话写成一封信，用恰当的语言表达自己的心里话，让他们了解你的想法，体会你的感情。"

（一）唤醒生活经验，选好习作素材

本单元以"舐犊情深"为主题，编排了课文《慈母情深》《父爱之舟》《"精彩极了"和"糟糕透了"》。《慈母情深》写了无私的母爱，《父爱之舟》写了深沉的父爱，《"精彩极了"和"糟糕透了"》写了父母对孩子不同的爱的方式，展现了父母与孩子之间的点点滴滴，字里行间蕴含着真挚的情感，能引起学生的共鸣和思考。

在教学本次习作时，结合单元的三篇课文内容，唤起学生的生活经验，回想父母或好朋友之间的事：描写你们之间难忘的事表达对他们的感情；表达你对一些事情的看法促进彼此的了解；关注他们的生活，谈谈看法，向他们提出建议……

引导学生去发现和感受生活小事中蕴含的父母之爱。

（二）观察真实生活，运用方法表达

日常习作时，学生感到无话可写，即便写了也是内容空泛，更重要是难以表达自己的情感和体验。因为学生很多时候没有认真细致地观察和感受。学生学习课文中的场景、细节描写的方法，再结合真实的观察，这样的描写才更加富有情感、文章才更有张力。

《慈母情深》中在进工厂找母亲的过程中，作者对母亲工作的场景进行了详尽的描述。厂房内的环境非常恶劣，而"我"不敢相信母亲所处的环境竟是这样：潮湿昏暗、闷热嘈杂、拥挤狭窄。母亲工作如此辛劳表现出"我"内心极度震惊和不安。还有母亲掏衣兜的细节描写，"揉得皱皱的毛票和龟裂的手指"说明钱攒了很久，来之不易，一个宁愿劳苦也要支持孩子读书的母亲形象一下子展现在读者的眼前……学生在生活中通过观察，注意了过程和细节，再迁移学法，就不只是一笔带过，泛泛而谈。如一个学生在写抗击新冠肺炎疫情期间的志愿者妈妈时写清楚了事情发生的具体场景和细节，"一次傍晚，雨不停地下着，没着没落，我在家焦急地等您回来却始终不见您的影子。终于，晚上 7 点多了，您才一瘸一拐地走进家门……"刻画出了志愿者妈妈不顾个人安危全心全意为患者服务的形象，使习作的感情更加真实。一位同学在表达对白衣天使的感谢时，写到"白衣天使，厚厚的口罩在你们脸上勒出道道印痕，消毒水让你们的双手干裂起皮……你们辛苦了"。这样的情感表达自然而然，不再是喊口号。

（三）依托现实生活，积累写作素材

第四单元学习中就有"借助资料，体会课文表达的思想感情"的语文要素。《少年中国说》课后第三题"百年来，在强国梦想的激励下，涌现出大量的优秀人物，为国家做出了卓越的贡献，如地质学家李四光、核物理学家邓稼先、数学家罗华庚、杂家水稻育种专家袁隆平、人民的好干部焦裕禄、小岗村'大包干'带头人……"要求通过查找资料，走进现实生活为写作活动积累素材。

（1）寻找一位自己喜欢的优秀人物，并讲述自己喜欢的理由。

（2）搜集这位优秀人物的感人事迹。要有一定的时间跨度，要有精彩的故事瞬间。

（3）小组交流自己搜集的优秀人物资料（包括视频），介绍他们的感人故事，讲述自己对他们的基本看法或感受。

有了前期的素材积累，在六单元的习作教学中"向为社会做出贡献的人表达敬佩之情"，学生在习作时写了抗击新冠肺炎期间的医护人员、警察、志愿者等，拓宽了学生倾诉的对象。学生有了明确的倾诉对象，变得有话可说了。

通过第六单元习作的教学，指导学生从生活中搜集、积累素材，汲取课文的言语智慧，于习作中进行迁移运用，以教材为衔接点，打通生活与习作的双通道，将有效提升学生的表达能力。

三、教学思考

学习和生活紧密相连，只有唤醒学生对生活的体验，在生活中真实观察、积累，让学生能够运用所学方法真实表达对他们的感情，才能促进学生更好地与他人沟通、相处。

生活语境下的习作指导

——人教版小学语文四年级下册第二单元习作"我的心里话"教学案例

重庆市江北区玉带山小学校　吴晓容

一、问题源起

《我的心里话》是四年级下册第二单元的习作课，指导学生说自己想对别人说的心里话。中段习作指导在整个小学阶段承担着启蒙和过渡的作用。四年级学生在三年级基础上，有了一定的习作基础，也积累了一定的词汇量，但是缺乏习作方法，更缺乏生活中的体验和感悟，导致在习作时，题材单一，习作思维不严谨，普遍怕写作。而教师在教学中，因成人眼里的世界和儿童眼里的世界有较大差别，儿童思维和成人思维不同，教师苦于无法走进学生心里去指导学生想要表达的。本次习作内容是说心里话，表达学生心里所想。心里话的范畴很广，对别人的建议、感谢、批评或者意见都属于心里话范畴。新课程标准强调习作"要引导学生说真话，表达真情实感，不说假话空话"。心里话的范畴广，但学生生活经历有限，导致话题不聚焦，学生很容易狭隘地理解这一主题，说假话空话，表达思维单一，使得表达缺乏依据和真挚情感。

二、解决策略

（一）生活场景中激发学生说"心里话"

1. 创设情境

以学生生活中熟悉的朋友圈和校园生活来创设情境，唤醒学生对"心里话"的认识，知道心里话说出来，可以拉近人与人之间的距离，促进人与人之间的沟通，为后面学生大胆说、说真话做好铺垫。

2. 聚焦话题

心里话的范畴很广，可说的内容很多。聚焦国家出台的二胎政策，对写作内容进行取舍和改造，把习作的写作范围改造为写自己的看法：如果自己的家庭面临生不生二胎的话题，作为家庭的一员，你的看法是什么？以此激发学生的表达欲望。

（二）生活实践中指导学生说"心里话"

看法说出来是需要打动别人、说服别人的。如何说服别人呢？需要帮助学生搭建习作的支架，教会学生如何用自己的想法去打动别人。

1. 多角度思维构建。

打开了学生的思路，学生的第一次动笔，不但能明确表达自己的看法，还会说出一些相关的理由。通过第一次习作展示点评，学生就发现，大家的理由各不相同，有的是站在自己的角度来想的，而有的是站在家人的角度来想的，还有一些孩子是站在国家和社会的角度来想的。于是，学生进一步发现，如果在写理由的时候，能从不同角度去想，理由就更充分，更能打动别人，这很好地训练了学生多角度思考问题的思维能力。

2. 生活中真事真情构建

学生习作需要范文引导。结合老师自身的生活家庭情况，相机出示范文，为学生习作搭建第二次支架，让学生明白，结合生活中的事例来表达自己的真实情感，能让自己的想法更能打动别人。范文在生活情境中出现，自然而贴近生活，激发了学生探索的兴趣和欲望，从而有效地梳理出本次习作的要领，自然生成。

3. 点评指导中构建

根据前面搭建的支架，形成星级评价。通过小组互评，评价学生的两次动笔是否有增长。评价习作也是对习作方法的一个回顾，通过小组评价，扩大学生的阅读范围，对自己习作也能有对比认识。

（三）生活运用中拓展"心里话"

本次习作通过"二胎政策"这一热门话题引导学生如何发表自己的看法。当时这一热门话题在各大网站平台都引起了广大群众的热评，所以，课后引导学生将自己的看法通过 QQ、微信、微博发表出去，给不同的家庭提出不同的建议。生活中，这样真实的话题也很多，学生在生活中也经常会对某些话题发表自己的看法，所以也同时引导将今天习得的表达方法，用于表达自己对其他问题或者其他事件的真实看法。

三、教学思考

这节课的习作话题来源于生活，并贴近学生的生活。学生在生活场景、生活实践、生活运用中，重新认识了心里话，从不同的思维角度去表达了心里话。这样，不仅帮助学生解决了题材单一的问题，还让学生在真实的生活语境中有话可说、有情可诉，并有理有据，且依据中有思维策略。教师在真实的生活语境中来指导学生习作，有共同话题，容易走进学生心里，更好地站在学生角度帮助学生更好地表达，学生就很容易产生共鸣，从而达到事半功倍的效果。

"生活中观察"是习作的好帮手
——生活中的"观察"教学案例

重庆市江北区玉带山小学校　胡钟灵

一、问题起源

众所周知，表达是语文学习的核心能力，学生从小应接受相关的培养和训练。但无论是一二年级的写话，还是三四年级的习作，对学生、教师及家长来说，难学、难教、都不简单。更细微之处的表现，则是学生回答问题是否完整，表达自己的想法是否流畅，是否会用课本中所学的知识表达自己的感受等。

二、生活中"观察"：让学生发现习作的乐趣

1. 案例一：把观察到的事物写准确

在学生眼里，"观察"属于"看"，只是比"看"稍久一点。于是我带了一些红豆给学生，就这样开始了红豆的"观察之旅"。

首先，每个学生都领到了一颗红豆，还收到了一个小任务——观察红豆，然后把观察到的写下来。大部分学生都是看了看就开始写，少数学生会摸一摸、闻一闻。这时候我引导他们："观察"比"看"更仔细，所以要从不同的地方去"看"这颗红豆，比如红豆的颜色、形状、大小、软硬等都是可以观察的。这样一来，学生便"看"得更仔细了。

等他们都观察完之后，我把红豆收起来泡在了水里。就这样，我们连续观察了 15 天红豆，从红豆的"破皮"到"生根发芽""长出第一片嫩叶"，再到"红豆越长越高""叶子越来越绿"……每一天的观察我都会引导他们要更仔细一些，找一找和前一天的不同，每一天他们都有新的收获。而对他们而言，最大的收获是细心观察之后的"发现"，每一次的"发现"都能让他们获得惊喜和快乐。

通过这 15 天的观察，学生有了些小小的改变：开始尝试着观察自己身边原本很熟悉的世界。

有个酷爱小花小草的学生，有天一大早非常兴奋地跑来告诉我，她知道金银花为什么要叫"金银花"了。原来，她家阳台一直都种着金银花，但是她从来没

仔细观察过，经过了"红豆观察之旅"后，她也试着在浇水的时候仔细看看阳台上这些植物，结果就发现金银花的花瓣跟刚开的时候颜色不太一样，好像变黄了一些。她以为自己记错了，去问了妈妈，也查了资料，发现金银花开花几天之后花瓣确实会变成黄色。她感到非常兴奋，因为这是她自己观察得出的结论，于是她把这件事写进了自己的周记里。

而她的这篇周记也带给我一些惊喜。她把花瓣变化过程写得很准确，也把自己当时的心情和想法写出来了。从一开始"试着观察一下"的心态，到之后察觉"颜色是不是有点不一样"的疑惑，再到解开疑惑后的惊喜，都写得清楚明了。另外，因为这个学生观察仔细，周记的篇幅跟她平时课堂上的习作篇幅相比长了不少。

2. 案例二：想表达、敢表达

课标要求三四年级的学生达到的习作目标，第一个就是"乐于书面表达，增强习作的自信心"，所以从三年级开始，无论是课文、口语交际还是习作，都在引导学生大胆说出自己的想法、看法、理由。他们的想法见解从哪里来呢？其实就源于对生活的观察。

得益于"红豆观察之旅"，班上的学生有了"时常在生活中观察"的意识。当我们学习到习作"身边那些有特点的人"的时候，他们全都兴奋不已，迫不及待地想要写一写那个有特点的人。于是我就看到了"急小子""吃货沙""挑食大王"这些有趣的习作。

最有趣的应该就是本次习作的分享了，学生都争着想要到讲台上念自己笔下的那个人，念到一半，还会让全班同学猜一猜，自己写的是哪个人，不管猜没猜中，都会引得全班同学哈哈大笑。此外，让我印象深刻的还有一点，有个学生写的是咱们班的数学老师，我就把这篇习作给数学老师看了看，她很惊讶，因为这个学生发现她的嘴唇上有一颗不怎么明显的痣，这个学生的观察真的很细致。

其实，对生活的观察，不仅让学生更乐于表达自己的想法，也让学生更加敢于说出自己不同的看法。

就像《父亲、树林和鸟》这篇课文一样，课后有一道思考题的观点是"父亲曾经是个猎人"。大部分学生都不赞同这个观点，但还是有几个同学觉得这个观点是可能的。因为他们说，猎人也是会仔细观察鸟儿的，只有这样才能帮助猎人更好地抓到这些鸟。又或者说，如果是猎人的话，肯定是经常要在树林里面活动的，时间久了就对树林和鸟越来越熟悉了。这一部分同学都赞同这个观点，但他们给出了不同的理由，就是因为他们有相似的观察经历。而当大部分同学都趋向于同样的观点的时候，他们并没有选择和其他同学一样，也是因为他们有这样的观察经历。正是这些宝贵的经历，让他们有了发表不同看法的勇气。

三、反思

总的来说，到生活中去观察点点滴滴，是学生体会"习作"乐趣的一大好帮手。因为"生活"给学生提供了随处可见、有趣新奇的素材，方便学生细心观察，连续观察，也让学生体会到了观察的乐趣，也就愿意把看到的、想到的写下来，也更愿意把自己的所见所闻、所思所感分享给其他同学了。

还原生活，真实交际

——统编版教材一年级上册第六单元口语交际《用多大的声音》教学设计

重庆市江北区玉带山小学校　冯艳

【教材分析】

这是小学阶段的第三次口语交际，在"说"的要求上有了进一步提升：有时候要大声说话，有时候要小声说话。需要学生明白，要根据生活中不同场合、不同交流的对象，选用不同的音量说话，这是对初步的场合意识的具体化引导与培养。

根据不同场合和交际对象，控制自己的音量是一种社交礼仪，也是一种必备的交往能力。这对刚入学不久的一年级学生来说，是比较缺乏的，需要引导示范，学会在不同场合，用合适的音量与他人交流。

【设计理念】

借助三幅插图，根据低年级儿童的心理特点，为学生创设了表达的真实生活情境，降低了表达的难度。让学生在真实生活情境中不知不觉地进入角色，在"玩中学""学中玩"，既激发学生生活中说的愿望，又使学生在相互交流中明其理、信其道。

【教学目标】

（1）知道不同场合，该用不同音量。学习根据生活中不同场合、不同交流的对象，用合适的音量与人交流。

（2）懂得根据生活中不同场合，用合适的音量与人交流是讲文明、有礼貌的表现。

【教学重难点】

知道不同场合，该用不同音量。学习根据生活中不同场合、不同交流的对象，用合适的音量与人交流。

【教学过程】

一、依托生活情境，引出话题

（1）教师讲述故事，还原生活情境，导入新课。

导入：这几天，一年级的冬冬特别苦恼，你们愿意帮帮他吗？

师：一天，冬冬刚从老师办公室出来，就碰到了好朋友明明，他大声喊道："明明，明明，下午放学后我们一起玩儿吧，好吗？"老师从办公室走出来了，对冬冬说："冬冬，请不要大声说话。"冬冬记住了。上课了，冬冬举手回答问题，想到了老师的话，便压低声音回答了问题，老师却说："冬冬，请你大声一点。"冬冬有些糊涂，也很苦恼，他不知道到底是大声说话，还是小声说话，谁来告诉他？

（生交流）

（2）看来，说话有时候要大声，有时候要小声，到底什么时候大声说话，什么时候小声说话呢？这节课，我们一起来交流"用多大的声音"。（板书课题）

【设计意图】通过讲故事的方式，将学生带入熟悉的生活情境中，让学生发现在生活中说话有时要大声，有时要小声，从而自然地引出交流的话题，激发学生的交流兴趣。同时，将语文学习与生活紧密地联系在一起。

二、借助插图，真实交际

1. 发言要大声

（1）（出示教室场景图）今天冬冬班上举行讲故事比赛，你们瞧，冬冬正在给同学们讲故事呢！你觉得他这时候应该大声，还是小声呢？（生交流）

（2）为什么要大声呢？请说说你的理由。

（3）谁能像冬冬一样，也给大家讲一个简短的故事。（抽生讲故事，其他学生评价）

师小结：讲故事的时候，让我们每个人都听清楚。看来同学们都掌握了上台发言的音量——大声说。（板书：上台发言要大声）

2. 公众场合要小声

（1）（出示图书馆场景图）下课了，冬冬来到了图书室，他想在红红旁边坐下，这时他该用多大的声音呢？

（2）全班评价：他们的声音合适吗？为什么？

师小结：在公共场合说话，要顾及别人的感受，要小声，不影响他人。（板书：公众场合要小声）

（3）（出示办公室场景图）老师考考你们：仔细观察图，看冬冬又来到了什么地方，他又该用怎样的音量呢？谁愿意扮演冬冬，和老师一起来演一演？

（4）交流评价：刚才同学表演时声音是否合适，请说明理由。

师小结：在老师办公室，说话要小声，不能影响其他老师办公；但也不能太小，一定要让对方听清楚才可以。

（5）模拟场景练一练：四人小组，一人扮演冬冬，一人扮演冬冬的老师，另外两人扮演其他老师。评一评：冬冬的音量是否让老师听清楚了，他有没有影响到其他老师？

【设计意图】借助课本插图，创设情境，营造轻松的交流氛围，激发学生的交际兴趣。同时，让学生在熟悉的生活场景中动起来，从中发现问题，思考问题，解决问题，从而规范自己的行为。

三、链接生活场景，提升交际能力

（1）评一评：所用声音是否合适。

场景一：运动会上，啦啦队加油声音特别响亮。

场景二：下课时，小朋友在走廊上追逐打闹，大声喧哗。

场景三：餐厅里，大人们在大声聊天，划拳喝酒。

场景四：向老师请教问题时，声音只能自己听得见。

师小结：在不同场合，我们要用不同的音量。所以，合适的音量最重要。（板书：合适音量最重要）

（2）议一议：除了这些场合，还有哪些场合需要大声说话，哪些场合需要小声说话？讨论后每个小组派代表汇报。

（3）说一说：你认为我们刚才的小组讨论时应该用什么音量，汇报交流时又应该用什么音量？

小结：小组讨论时，声音要小点儿，让小组成员都能听见即可；汇报交流时，应该大声一点，让全班同学都能听见。

【设计意图】链接生活场景，小组讨论，让每个学生参与其中，人人有话可说，既是对本节课内容的拓展延伸，更是在实践演练中体验，是从明理到导行的过程。

四、儿歌总结，拓展延伸

（1）串联板书，齐读儿歌。

（2）拓展延伸。

①观察身边人说话，想一想：他们说话声音大小合适吗？为什么？

②有兴趣的同学，可以给校园的不同场所设计音量图标。

③生活中，试着在不同场景用合适的音量与人交流。

【设计意图】落实教学目标后，应致力于对接生活，让学生在生活中锻炼口语交际，形成更适用于生活的、更真实有效的交际策略。

生活真实情境下的习作教学尝试
——统编版小学四年级上册第六单元习作"记一次游戏"教学设计

重庆市江北区玉带山小学校　向思洁

【教材分析】

《记一次游戏》是统编版小学语文四年级上册第六单元的习作内容，本单元的人文主题是"童年多彩的生活"，本单元的习作要素是：做一做，写一写有趣的游戏。通过教学，学生习得了怎样把任何一种游戏写清楚、写具体的方法，促进了思维及语言能力的整体提升。

【设计理念】

本次习作的主题是"记一次游戏"，内容贴近学生生活，易激发学生的表达欲望，从而达到课标要求的：乐于表达，乐于记录生活，增强习作的自信心。此次教学，立足儿童视角，创设情境唤醒学生的言语动机，促进学生在习作过程中自主表达。

【教学目标】

（1）联系生活，交流游戏过程：游戏前做了哪些准备；游戏中做了什么；印象较深的是什么。

（2）现场游戏，真实观察，把游戏过程写清楚。

（3）多角度地写出游戏的趣味，表达生活中的真实感受。

（4）用修改符号改正其中的错别字和不通顺的句子。

【教学重难点】

（1）现场游戏，真实观察，把游戏过程写清楚。

（2）多角度地写出游戏的趣味，表达生活中的真实感受。

【教学过程】

一、创设情境，激发兴趣

（1）元旦节即将到来，学校将开展迎新年游戏活动，游戏将在学校进行海选，拿起手中的笔，用文字来推荐一项有趣的活动吧。

（2）师：同学们，喜欢做游戏吗？都做过什么游戏呢？（师出示部分游戏图片，请学生回答）

小结：大家三言两语就将游戏的时间、地点、人物和游戏的规则等要素说清楚了，真能干！

（3）同学们，想玩游戏吗？这节课，就让我们一起玩游戏、推荐游戏。让我们一起走进今天的习作课——记一次游戏（生齐读）。

【设计意图】创设情境，从学生生活中玩过的游戏导入，活跃思维，以此唤醒学生的生活记忆以及表达意愿，激发他们的习作期待。

二、问游戏，梳理写作提纲

（1）你准备推荐什么游戏给学校呢？请小组合作完成游戏推荐卡。

> ### 游戏推荐卡
> 游戏名称：＿＿＿＿＿＿
> 游戏规则：1.＿＿＿＿＿＿＿＿＿＿
> 　　　　　 2.＿＿＿＿＿＿＿＿＿＿
> 　　　　　 3.＿＿＿＿＿＿＿＿＿＿
> 趣味指数：☆ ☆ ☆ ☆ ☆

（2）小组交流，其余学生针对游戏自由提问。

预设：游戏前做了哪些准备？游戏过程是怎样的？游戏中印象最深的场景是怎样的？游戏后有怎样的感受？

（3）小结：听完你们的问题，老师明白了，要写好一篇玩游戏的作文，可以从"游戏前的准备""游戏中的过程"和"游戏后的感受"这几方面去写。不知不觉，你们就把这次作文的提纲给理出来了，好样的！

【设计意图】生活中，学生都会玩，也爱玩游戏，但要让学生把所玩的游戏清楚地表达出来，对于四年级学生来说，是有困难的，他们不清楚该从哪些方面来写作。通过问题引导，连接生活经历，通过游戏解说卡填写给学生搭建习作支架，降低习作难度，能从游戏前、游戏中、游戏后三部分清楚、有序地介绍游戏过程。口头表达为后面的书面表达做铺垫。

三、现场游戏，关注精彩场景

过渡：要想推荐的游戏被学校选上，我们还得把精彩的游戏场景写出来才行。想玩游戏吗？就让我们边玩边写吧。

（一）第一轮游戏：仔细观察，写清楚

（1）"蒙眼穿衣"游戏，PPT 出示规则。

（2）抽 6 名学生上台玩游戏，对其余学生提出要求：观察这两个同学是怎么玩的？先做了什么，接着做了什么，最后怎么样？

（3）两名同学玩游戏，其余学生观察。

（4）游戏好玩吗？哪个场景让你印象最深刻？（生交流）为了让我们将精彩的场景介绍清楚，我们还要注意把游戏的开展顺序说清楚，谁用上表示顺序的词语能把其中一个参赛同学的游戏过程说清楚。（PPT 出示：游戏开始了……先……然后……结果……）

小结：是的，我们要将事情的发展顺序介绍清楚，这样才能让人了解精彩的游戏过程。

（5）在这个过程中他们还有一些独有的动作，大家能回忆出来吗？梳理形成动作流程图。现在让我们按顺序把这些动作排列清楚，将你印象深刻的其中一个游戏场景写一写吧。

【设计意图】通过真实体验玩游戏的过程，引导学生回顾真实发生的游戏，按照一定的顺序提取玩游戏的关键词，以动作流程图的形式呈现。借助动作流程图，引导学生说清楚游戏过程，由"说—写"，为学生写清楚游戏过程做铺垫。

（二）第二轮游戏：多角度观察，写生动

（1）抽学生展示写作片段，进行指导，要求借助动作、顺序词还原场景。

（2）过渡：同学们，我们借助动作流程图、用上关联词，把游戏过程写清楚了，但要想被学校选上可还要写生动才行。怎么写生动呢？想知道小妙招吗？

（3）跟着微课，咱们一起来看一看吧。看来，要想写生动，我们还需要多角度观察，不仅可以观察参加游戏同学的表现，还可以通过观察围观者的表现、心情来展示游戏的趣味性。

（4）给出标准，加以修改。

①给出评价标准：在习作中，你借助动作、顺序词将游戏的过程写清楚就能得到三颗星，习作里加上人物心情、围观者的表现就能相应得到一颗星。（黑板上画星）

②想让你的习作变成五星作文，游戏被学校选上吗？那就请你根据评星标准再来观察一次游戏，改一改吧。

（5）抽生参与游戏，其余学生观察。

（6）观察好了吗？那请你动笔修改一下你的片段吧，老师还为你们准备了一个"词语宝典"，送给你们做参考。（学生修改习作）

【设计意图】习作就是从"说"到"写"的过程，现场真实体验过后，先写清楚游戏过程，再通过微课范例发现运用动作表现心情的写法，并运用此法修改学生的问题习作，给学生直观的提升体验。多角度地展现游戏的趣味性，循序渐进，既降低了习作难度，又让目标水到渠成。

（三）互评展示

（1）请第一次上台的孩子再次展示修改后的习作。（师找点评价）

（2）同桌互评，出示互评要求（抽一生读）。

读：同桌互读故事，当"大众评委"。

勾：勾出表现游戏有趣的地方。

评：根据要求评一评，看看同桌写的能得几颗星，是否能够入选迎新年游戏活动。

（3）抽生展示。

有没有得到五星作文的孩子？

小结：你抓住了这几点，向我们介绍了一个清楚而生动的游戏过程，真棒！相信你的作文一定能入选学校的新年活动。

【设计意图】交际语境贯穿始终，在这里让学生以虚拟的大众评委身份出现，借助于生生之间、师生之间的交流沟通，落实了"写作即交际"的理念，使写作成为一种生活的需要。

四、总结延伸

同学们，玩是我们童年生活中最大的乐趣。只有玩出趣味，玩出水平，我们才能快乐写作。下来后发现没有写到的地方可以补一补，写少了可以添一添。再添进游戏前的准备，游戏后的感受和收获，这篇习作就完成了，期待你写的游戏能入选学校新年活动。生活中，我们也还可以写一写印象深刻的活动、表演……记录生活中有趣、精彩的点点滴滴吧。

【设计意图】从课堂延伸到生活，通过本次习作让学生乐于观察生活，乐于记录生活，增强习作的兴趣。

聚焦生活，让口语交际真实发生
——我的口语交际教学小故事

重庆市江北区玉带山小学校　施朝梅

部编版语文四年级上册第二单元安排了一次口语交际《我们与环境》，应该说，这个话题很大，具体该怎样操作呢？

根据教师教学用书的建议，我把话题定位为"身边存在的环境问题"和"保护环境小建议"两大板块。课前，我让学生提前收集、了解了身边存在的环境问题，并指导学生制作成小卡片，甚至拍成了照片，打印出来。我还汇总了学生的照片，制作了PPT。本以为课前准备已经相当充分，学生一定有话想说、有话可说，他们在课堂上的表现应该精彩纷呈，可实际情况并非如此。

在进行第一个板块"身边存在的环境问题"时，我就发现尽管我已经把"我们与环境"这个大话题缩小为"身边存在的环境问题"，但这个话题还不够聚焦，学生的"身边"也是一个很大的范围，有人关注的是商场、超市；有人关注的是小区；有人关注的是旅游景点；有人关注的是上学放学的路上；有人关注的是附近的江河……由于学生生活的环境不同，他们关注的点也不同，于是课堂上就呈现出一种自说自话的状态，一个孩子在讲，但他讲的环境问题其他孩子并没有真切感受，自律性好的孩子在别人说的时候还能规规矩矩地听，自律性差的孩子就开始走神或干别的去了，这种情况下交际并没能真实发生，后面制定的"保护环境小建议"也就流于形式，对学生的生活也没有多大指导意义。

课后，我开始反思这堂口语交际课失败的原因，我意识到学生之所以没能真实交际，归根结底在于交际的话题范畴还是太广，学生可以说的内容太多，这些内容并不是所有学生都耳闻目睹亲身感受过，不能让所有学生都形成共鸣，从而导致大家各说各的，口语交际未能真实发生。

课堂教学效果不佳，我决定把这堂课再上一遍。怎样才能改变学生自说自话的交际现状呢？我决定把话题再缩小，再聚焦，让话题贴近所有学生的生活，让每个学生都有话可说，有话想说。

什么环境是学生共同生活的环境呢？当然是校园。但是校园环境问题可说的点也很多，攀折花木、践踏草坪、浪费水电、乱扔垃圾……把身边的环境问题定位为"校园环境问题"好像仍然不够聚焦。于是，我对这么多的校园环境问题进行了取舍，最终选择了学生每天午餐中存在的校园环境问题让学生去观察、去发现。接下来，我给了学生一个星期的时间去观察、发现校园午餐中存在的环境问题并作好记录。一个星期后，我再次上了这堂口语交际课，课堂板块并没有变化，只是把话题变小为"校园午餐中的环境问题"。由于这个话题更加贴近学生的生活，每个孩子都有针对性地进行了观察，通过观察，他们也发现了在学校午餐时的确存在很多的环境问题。

于是，在教学第一个环节说说"校园午餐中的环境问题"时，课堂上不再冷清，每个孩子的表达欲望都非常强烈，别人说完后还能积极补充。通过交流，大家梳理出我们每天在校午餐时出现的各种问题：有的班饭菜浪费严重，有的班餐后没注意保洁，有孩子在洗碗槽里乱倒饭菜导致下水道堵塞，有的班在归还餐具时横七竖八到处乱放造成楼道堵塞，有的班领取饭菜时沿路掉饭菜、汤水又没及时打扫造成路面油腻、湿滑，导致同学摔跤……小小午餐，产生的环境问题真是比比皆是。聚焦学生的共同生活环境，让他们发现身边真实存在的环境问题，让每个孩子都有话可说，课堂口语交际也得以真实发生。

不但如此，由于这些问题就在我们的身边，是同学们有目共睹甚至亲自造成的，所以，在分析造成这些问题的原因时，学生都在积极思考，对照存在的环境问题一个一个分析原因，对造成这些问题的不文明行为还进行了批评甚至是自我批评。同学们小组讨论，全班交流，所有孩子都产生了共鸣，口语交际在真实发生。

通过观察发现、交流分享，同学们还发现了这些问题给大家的学习和生活带来了不便：有的同学因为遇到过下水道堵塞无法如厕；有的同学因为地上的油渍滑倒过。真实的经历带给了他们真切的感受，在教学第二个环节制定"保护环境小建议"时，同学们七嘴八舌献计献策，都想制定出行之有效的小建议，以解决校园午餐中的环境问题。最终，全班根据各小组的建议还形成了《保护环境班级公约》。从此以后，班上但凡有学生没按大家制定的环境保护公约执行，必然会有同学对照公约进行教育帮助，班上午餐中的环境问题明显得以改善，保护环境的口语交际又从课内走向了课外，走向了生活。

生活中的每时每刻都有口语交际在发生，而这堂口语交际课中学生态度的前后转变也让我们明白生活作为口语交际的源头，只有让学生置身于真实的生活情境中，并聚焦他们身边的某一个点把话题由大化小，让交际情境变得具体，这样才能让学生愿说、想说、有话可说，才能让口语交际真实有效地发生，使口语交际任务更具实际意义。

习作与感恩"联姻"

重庆市江北区玉带山小学校 刘朝珍

叶圣陶先生曾说："写作的根源在于自身的生活。"还说："生活犹如源泉，文章犹如溪水，源泉丰盈而不枯竭，溪水自然活泼地流个不歇。"可见，写作离不开其源泉——生活。

时下，学生的生活方式发生了极大改变，给他们在情感方面的健康发展带来许多困难。社会对他们的宽容以及家长对他们的溺爱，往往使他们变得冲动、任性、缺乏自制力，他们只希望别人爱自己，而想不到，也不会爱别人，缺乏感动之心，缺乏体谅之情。而我们知道一个缺乏爱心的人是不会用心去体验生活、发现生活的，那么他们又怎会有习作的激情，做到"我手写我心"呢？因此，写作时人云亦云，说套话、假话、空话，是当前小学生表达中普遍存在的问题。

为此，我改进了习作教学策略——有效唤醒与引领，让习作与感恩"联姻"。初步实践，却感触颇深。下面以"三八"节习作为例：

以往"三八"节来临之际，我会让学生写《我的好妈妈》一文，并会这样引导："同学们，妈妈为了养育我们，付出太多心血。回忆一下，妈妈有哪些事让我们难忘？结果几乎千篇一律，枯燥无味。如今反思：我们在习作教学中，教师作前指导经常是隔靴搔痒的几句话，让学生不得要领。没有真正触动学生心灵的那根爱之弦，怎能弹奏出动人的乐曲呢？

于是，在今年的"三八"节那天，我声情并茂地为学生讲述了一个简短而动人的故事——《妈妈，让我抱着你》，大意是这样：

在一个温暖的季节，母亲生病了，住进了医院。护士要为母亲换床单，需要儿子抱起母亲。儿子走上去，使足全身力气，猛地用力，抱起了母亲。可因为用力过猛，身子往后仰，打了一个趔趄，母子俩险些摔倒。护士笑着对儿子说："她是你母亲，你是她朝夕相处的儿子，还不知道自己的母亲有多重吗？"儿子不好意思地低下了头。他认为母亲有一百来斤，可母亲却轻轻对他说："儿子，老妈向来只有七八十斤。"儿子羞愧至极。突然，母亲双手环绕着儿子脖子，慈祥的脸紧贴在儿子厚实的胸膛前，这一刻，儿子感到从未有过的温馨及激动。儿子脱口而出："妈，你抱了我十几年，就让我今天好好抱你一次吧。"就这样，儿子抱着母亲，坐在床上，和煦的阳光照进来，母亲带着微笑，在儿子怀中熟睡……

看着学生聆听的神情，我知道，这个故事已唤醒他们沉睡的心灵。接着我话头一转："今天是'三八'妇女节，我们也学学这个儿子，走近养育我们十多年的母亲，为母亲洗一次脚（母亲不在身边的，为外婆、婆婆洗也可以）。然后，写下你的所做、所思、所感，为母亲献上一份特殊的礼物。"

第二天，我如饥似渴地看完了学生的习作，结果，让我大吃一惊。好多平时习作能力差的学生居然写得也有真情实感了。不少习作让我感动至深，触动了我的心弦，令我感动得流泪。下面采撷两篇学生的习作与你一同分享：

（一）洗脚

今天是"三八"妇女节。在今天上午，老师让我们回家给家人（女的）洗一次脚。

说老实话，这是我第一次为别人洗脚。向外婆说明原因后，我说干就干。

当我第一次接 chù 水面时，内心好不舒服呀！但我却想慢慢地克服了它，努力地让自己的手下水了。

心想：没事，就这一次，三下五除二就洗完算了吧。

当我又一次将手弄下水时，才发现外婆的脚十分硬，有的地方还长了包，像一条凹凸不平、被小石头铺满的小路，坑坑 wā wā 的。我的心一下就凉了，心里又一下想起了许许多多的话：外婆啊外婆，您一天这么累，还要养活家里五六张嘴巴，真是太不容易了。要知道，以前我还向你发脾气呢！您不会怪我吧？……一种种思绪在我心中生起，我有太多太多的话要跟您说了。

当我要洗完时，我发现了一种美妙的乐曲——您的眼泪，嘀嗒、嘀嗒……一阵阵乐曲奏入我的心灵。

今天，通过洗脚，我了解了许多信息，像您的脚不好呀，不能接 chù 冷水呀，等等。

这时，我才了解到外婆这么像小孩儿。

（注：此文作者是个女孩，成绩不理想，父母离异多年，跟随外婆生活）

（二）给母亲洗脚

妈妈把自己带到这个世界，第一次扶持自己迈出人生的第一步，聆听那嘤呀不清的第一句话……十三秋过后，每当思及至此，心底总会泛起一阵阵爱的漪涟。走过岁月才发现，是妈妈的苍老换来自己的韵华，是妈妈的心血换来自己的智慧……

"三八"妇女节的下午，老师布置了一项特殊的作业——给妈妈洗脚。教室里面立刻沸腾起来，大家议论纷纷。回家的路上，我想：我怎么给妈妈洗脚？再说平时我的脚都是妈妈洗的呢！又不能不完成作业，怎么办？

晚上，妈妈拖着疲惫的身体回家，一下就坐在沙发上，什么也不想动，我看到妈妈这样真心痛。我想起今天是"三八"节。于是我在洗手间端来一盆热气腾腾的水，放在妈妈的脚下，然后帮妈妈脱鞋、袜，把妈妈的脚放进热水里。只见妈妈那紧锁的眉头终于舒展开了，看到妈妈这样，我很高兴。这时，我感到我浑身燥热，我犹豫着，慢慢地伸出了手，我发现我的手在微微颤抖，妈妈好像看出了我的窘迫，她轻轻地拨开了我的手，亲切地说："你别洗了，还是我自己洗吧！""不！我来！"我不知是从哪来的勇气猛地把手伸进盆里，轻轻地撩起水，冲洗着妈妈的脚。但手摸着那长满老茧的脚，心里也不是个滋味，不禁鼻子一酸，泪水夺眶而出。"现在你长大了，能为妈妈洗脚了。妈妈是老了！"我抬起头，看见妈妈正在擦去眼中的泪水。

我又撩起水，轻轻地搓着，搓着妈妈脚上的每个部位。洗好了，我用毛巾把妈妈的脚轻轻擦干。妈妈笑了，欣慰地笑了，幸福地笑了，我从她的笑容中又发现了晶莹的泪花。

以后，我还要给妈妈洗脚。

（注：此文作者是名男生，语文成绩平平，父母离异，父亲再婚，文中提到的为后妈洗脚经访问证实是真实的）

上面两篇文章让我感动，成绩好的学生的习作更令人惊叹、心动。原来，他们的心理空间如同宇宙，充满神奇色彩。这次成功的习作，让我深深感悟到：设置德育情境，开展能够让学生获得亲身体验的道德实践活动，会让学生用心去感知生活，洗礼心灵的尘埃。亲身经历对学生来说是一笔可贵的精神财富，有切身体验必然就能"动于中，发于言"，作文必然会"言之有物，言之有情"。

正是基于我如此清楚的认识，在点评"三八"节习作时，我有这样一段热情洋溢的讲话：的确，父母给予我们生命，又用自己的青春年华含辛茹苦地把我们抚养成人；"慈母手中线，游子身上衣"，无论我们身在何方，父母都是无比牵挂。生活在这个世界上，其实值得我们感恩的人和事可谓不胜枚举。我们无时无刻不在享受别人的恩惠。恩惠往往是十分平凡的，看似举手之劳、微不足道，却非常珍贵。发自内心地进行感谢，会让我们的心灵变得更加细腻柔软，会增强我们感受和领悟他人恩惠的能力。心存感恩，知足惜福。感恩是生活的起点。感恩需要学会虔诚；感恩需要学会宽容；感恩需要学会欣赏，学会欣赏他人的长处和优点，发现他人身上的闪光之处。让我们学会去感恩，热爱生活，你会觉得天空是湛蓝的，空气是清新的，世界是美好的！

让习作与"感恩"联姻，让学生发现生活、体悟生活。我们应当多在生活中汲取写作素材，激发学生写作的热情与表达的欲望。

习作源于生活
——习作教学中的"灵动"点滴

重庆市江北区玉带山小学校　包娟

生活作文，魅力无穷。在习作教学中，我们应该坚持以生活为突破口，满足学生的表达需求，在润物细无声中让学生学会懂得用语言表达感情，用文字记录生活。

打好习作的基础，语文老师应引导学生联系生活、根植生活，形成灵动的思路，用灵动的思路和方法去实施执行。这也利于学生建立习作的信心，激发习作的兴趣。

我们在教学时，一开始就着手于"篇"，想让自己班的学生个个像小作家一样长篇大论地会写，因为我们要的是作文，一篇几百字的完整作文。但是反过来思考，所谓的"篇"是由众多的"字、词、句"串连成的，我们为什么不可以从"字、词、句"着手呢？于是我从一、二年级就开始铺垫、训练。每天在上课前都会在黑板上随意地写一个他们认识的字或者词语，而这些字和词都是学生生活中常见的，能迁出已有认知。用这些字或词说话，这对于他们来说非常简单，你会发现只要你肯给他们时间和机会，去适当放纵，去合理引导，从他们嘴里说出来的句子会五花八门，精彩纷呈。

让我记忆犹新、最成功的案例便是生活中常见的"花"这个再简单不过的字。

在教学低段时，我把"花"写在了黑板上，让学生练习说话，我还清楚地记得他们说的句子。如：

教室里有一盆花。

我们在很多地方都能看见花。

妈妈最爱花。

老师说我笑得像花一样。

玫瑰是最漂亮的花，我衣服上有一朵。

……

可以发现，学生造的句子水平不一，但都来源于生活。他们结合生活中的所见来表达，兴趣高了，难度低了。

到了中段，由于课堂教学任务多，我不再会占用课堂时间，而是在要下课时，布置课下作业。但这时练习的不会再是简单的语句，而是围绕出示的字或者词写相关段落。同样还是生活中常见的"花"字，在交上来的作业中，学生从花的颜色、形状、气味、种类等对自己喜欢的熟悉的花进行描写，我选择了写得最好的几个学生的，读给全班学生听，并指出为什么这些学生的段落写得好，好在哪里。班上的学生恍然大悟，一一模仿，虽然有雷同之处，但在不知不觉中，他们学会了比喻、拟人、夸张等修辞手法，掌握了点写作技巧，知道了如何使自己写的事物更详细、生动。

不难发现，学生在围绕一个主题写段落时，他们结合自己生活中的所见、所闻、所感，表达更上了一层楼，有了信心。

接下来就是高段了，每周我们都会不定时地根据出示的字词进行整篇的习作练习。同样还是以生活中常见的"花"字为例，围绕"花"写一篇文，除了有字数要求，不少于 400 字，其余一切由他们随心所欲。这时你会发现，成绩不是太好的学生依然在写植物"花"，只不过比以前写段落时，绞尽脑汁地让字数多了些，但我没有责怪，这是能力所限，只要态度端正，如果我批评他们，他们定会对写作生厌、畏惧、无兴趣，所以我对这些学生的底线是只要写了就好。而成绩好点的学生，有想法的学生，他们的作文天马行空，想象力超强，居然可以扯到猪八戒与嫦娥；花的未来；花花世界多纷扰等。瞧，他们写的有些是状物，有些是童话，有些是记人叙事，有些甚至是悬疑短篇小说，内容精彩，不拘一格，文体多样。这时，我要求班上的每个学生都要读其他学生的，自己所感兴趣、所崇拜的作文 5 篇，进行小范围交流。这样做，他们才有比较、进行学习、开阔眼界。

不难发现，学生在围绕一个主题写文章时，他们不仅结合自己生活中的所见、所闻、所感，还有建立在生活之上的想象、推理。

在日常教学中常常会有突发事件，这就要求作为老师的我们会"捕风捉影"，让它成为习作的题材。

记得在二年级时，作为班主任，学生视为管家婆的我参加区里的教研，不在学校，这下班上学生大乱，我一回学校，班上学生纷纷告状，气不打一处来的我，正想整顿他们时，黑板上的课题让我灵机一动，控制了怒火，让他们根据自己具体犯下的错误，以《假如老师不在》为题，模仿课文，写一首小诗。依稀记得有几句：

　　"假如老师不在，

　　我们应该自觉地排队吃饭，

　　不让其他班的老师觉得我们不乖、不文明。

　　假如老师不在，

　　我们应该认真做眼保健操，

　　不让自己成为近视，戴眼镜不漂亮。"

　　……

　　学生写的是字字忏悔，句句真心实意，还有了基本的对仗整齐。看了后，我乐开了花，表扬他们小小年纪成了小诗人。没想到学校生活的一个小插曲，无形中成了创作的题材与灵感，学生对另一种表达方式——写诗有了认识，有了兴趣。

　　更记得，在一次写动物的习作中，班上学生描写的动物有三分之二都是猫和狗，有的甚至是抄袭了老舍先生《猫》的原句，毫无创新，呈现的作文犹如死水一般。我再一次没有指责他们，而是在班上开展了一次"猫狗大战"，学生在我的组织下分成两个方正对决，把"猫""狗"的作文分别进行集锦、浓缩，说一说、评一评、比一比，"猫"和"狗"，哪个写得更好。学生热情高涨，你会发现学生在热火朝天地进行修改时的勾画批注，交流记录，都是源于生活的积累与写照，他们又学会了如何鉴赏和修改文章。

　　尽管习作教学千头万绪，但只要我们能坚持引导学生关注生活、情趣习作，让学生在生活中、在情境中书写文字，表达情感，就能感悟出习作之窍，让多彩的生活成为精彩的习作之源，以多彩的生活习作来促进学生的发展。

▶ 第四章　评价与生活

第一节　语文教学评价与生活融合的必要性

美国教育学家华特曾指出：语文的外延与生活的外延相等。在具体的语文教学实践中，教师不仅可以引导学生在生活中学习语文，也可以充分发挥日常生活场景在语文教学中的评价作用。

《义务教育语文课程标准（2011年版）》指出：评价的根本目的是为促进学生学习，改善教师教学。语文课程评价应准确反映学生的学习水平和学习状况，全面落实语文课程目标。充分发挥语文课程评价的多重功能，恰当运用多种评价方式，注重评价主体的多元与互动，突出语文课程评价的整体性和综合性。要根据不同年龄学生的学习特点，按照不同学段的课程目标，抓住关键，突出重点，采用合适方式，提高评价效率。在充分借鉴形成性评价、总结性评价等评价方式的基础上，将语文学科教学与生活融合，以期发挥评价应有的效果，更加全面地反映学生语文学习的状态及水平。

创新评价方式，将学科与生活融合，拉近语文与生活的距离，引导学生感悟生活、享受生活，可有效提高语文学科在生活中的意义与价值。语文学科与生活紧密相连，生活处处有语文，学生的日常生活犹如一个内容丰富且极具实践性的语文课堂。学生既是语文知识的学习者，更是日常生活的参与者和感悟者。为了加深学生对语文学科学习的理解，进一步感受生活、享受生活，在语文教学实践中寻找学科与生活的融合，成为教师在实际教学时的重要努力方向。学校坚持以"走向世界的第一站"为办学理念，将"培养创造未来中国的学习者"作为当前的育人目标。教师在具体的教学实践中遵循学生身心发展特点、活动学习认知规律和心理需求，通过体验生活的方式，选择趣味化、生活化的场景检测学生的语文的听、说、读、写的能力，让学生在真实的生活情境中运用知识解决实际问题，真正体会到学科与生活的紧密性。

在小学语文教学中，要利用教材中与日常生活息息相关的学习内容引导学生细心观察生活，感悟生活。在课堂外，教师仍可将日常生活场景作为语文课堂的延伸。在利用生活场景来传授学科知识的同时，将其作为一种评价方法，有利于促进当前的语文学科教学的发展。生活化的评价方式注重综合素质的发展，发挥育人功能，落实立德树人根本任务，促进学生的全面发展。生活化的学习场景符合义务教育阶段低年级学生的个性特点和兴趣爱好。它能够有效激发学生学习兴趣，从而引导学生巩固自己所学知识，将其运用到自己的生活实践，解决生活难题，进而达到享受生活的目的。

融入生活的语文学科评价方式改变了以往采用纸笔测试的传统模式，注重学生在日常生活中的实际行为表现，考查学生在实际生活中运用课堂所学的理论知识分析问题、解决问题的能力，从而实现对学生语文素养全面客观的评价。由于这一评价方式具有日常化、生活化的特点，日常生活的诸多环节可作为评价活动的素材。选择具有典型意义的生活场景表现作为语文学科的评价方式，可充分发挥语文学科的工具性和人文性统一这一特点。学生参与此种评价方式时，对生活场景中各种文字信息的辨识，让其识字能力得到充分锻炼，加强自身对所学字词的记忆和掌握。由于小学语文具有工具性的特点，为帮助学生掌握交际的技巧和能力。教师在课堂教学中应重视口语交际教学，并为学生的口语交际创设宽松、和谐的氛围，鼓励学生大胆、自由地表达自己的观点和想法。走出课堂，在生活实际情境中，与不同人群的交流加强了学生的口语交际能力。走出教室，回归生活，引导学生将课堂所学应用于自己的生活实践，实现语文学科与生活实践的有效衔接。

除此之外，它符合评价主体多元化这一评价原则，任课教师、班主任、学生及家长都能参与其中，发挥各自的评价作用，他们以多种方式、多种渠道观察、收集学生在特定生活场景中运用语文学科知识的行为表现，获得评价的真实信息。同时，制定科学合理的评价标准，坚持正确的价值观念，从而充分发挥评价对语文教学的促进作用。对于评价过程中发生的问题，及时分析原因，适时调整教学节奏。将生活与学科融合的评价方式，能引导教师反思教学、改进教学，有利于提高教育教学水平。

我国著名教育家陶行知先生说过：生活即教育，社会即学校。在小学语文教学中，将学科与生活融合，并具体贯穿教学的各个环节，是对上述理念的继承和发扬。充分利用现实生活场景，结合学情创建多元化的评价方式，将其与实际的语文教学相联系。学科与生活融合的评价方式可以建立起课内与课外的联系，拉近学生日常生活与语文知识的距离，有利于构建健全的语文教育体系。生活作为语文教学的另一课堂，学生可以沉浸其中学习学科知识。教师以具体而实际的生活问题引导学生灵活运用知识，观察学生在解决问题过程中的表现，完成语文学科中的评价这一环节。这不仅能引导学生主动进入日常生活中，还能引导学生利用已掌握的教材知识解决实际生活难题，将理论知识与实践相结合，培养学生解决问题的能力。

在日常生活场景中进行语文教学评价，学生亲身参与、亲身体验与语文紧密联系的生活实际，能加深学生对知识的理解和记忆，形成观察生活、感受生活的良好习惯。在生活中学习语文，其宽松、愉悦的学习氛围有利于激发学生主动性和积极性，提高学习效率。教师在此种评价方式中检测学生对已学知识的掌握情况，以便改进下一步的教学，提高教学效率。综上，将学科与生活融合的语文教学评价方式，有利于学生积极主动地汲取语文知识，提高自身的语文素养。

第二节　语文教学评价与生活融合的改革

注重生活融合的"1+1+1"学科育人评价改革

重庆市江北区玉带山小学校　邹红　万红云　谭晓泉

一、改革背景

2015 年，针对学校当时出现的"一张试卷"的语数学业评价严重影响教师的"教"和学生的"学"的多起事件，玉带山小学组织全体老师召开关于"一张试卷"何去何从的专题研讨会。会议坚定了开展学业评价改革的信念，学校开始了持续的艰辛探索。

二、理论基础

系统论有一个著名的公式：功能 = 要素 + 结构。要取得系统功能的优化，就必然考虑要素改变、结构改变或者要素、结构的多重改变。根据系统结构和功能的关系原理，功能强大的系统，往往结构稳定有序，各系统之间要素和谐。教育评价系统主要包括三个要素：主体要素、客体要素、工具要素。其中，评价主体与评价客体之间要以一定的工具作为中介发生作用，而评价方案（模式）是最重要的工具要素。

反思当时小学语数学业水平评价改革，我们认为在激励学生学习、改进教师教学方面还需着力解决两个矛盾。一是"一张试卷"的评价与促进学生学业水平全面发展的矛盾。从检测内容看，"一张试卷"主要考察知识与技能，而学生在学习过程中所体现出来的与学业水平相关很大的情感、态度、价值观及学习习惯等却很少涉及。而以纸笔考试为主的评价，更是少有给学生操作能力、应用能力的考核。基于大部分老师惯常的"不考核则不教学"的原则，这些学生发展所必需的能力和习惯没有得到充分重视和培养。从评价主体来看，"一张试卷"表明评价权还是在老师手中。从评价结果使用来看，仅凭一个分数并不能准确知晓学科发展优势和不足，评价结果使用缺乏精准度、有效性。二是单一评价与教师被动成长之间的矛盾。大部分普通教师由于没有优秀教师的高效教学策略，为了在期末"一张试卷"中取得好成绩，往往被动面对考试，大多拼时间、拼题量，甚至让学生背试卷，不愿过多思考、研究"如何有效提升教和学"。

小学学生语数学业评价系统相对封闭，如何改善要素和改变结构，以此优化系统功能呢？通过重新认识学业水平评价系统的客体和主体，我们发现，过去传统的以"一张试卷、一次考试"为中心的评价模式，把学生仅置于评价客体地位，不利于学生学业水平发展提升（图4.1）。

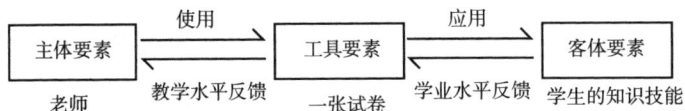

```
使用                      应用
┌──────────┐ ──────→ ┌──────────┐ ──────→ ┌──────────┐
│ 主体要素 │          │ 工具要素 │          │ 客体要素 │
└──────────┘ ←────── └──────────┘ ←────── └──────────┘
  老师       教学水平反馈  一张试卷   学业水平反馈  学生的知识技能
```

图 4.1 教育评价系统

学生不仅是被评价的对象和价值客体，"更应是评价的价值主体"。在客体要素上，除了"一张试卷"所呈现的知识技能，还应有与核心素养培养密切相关的学科核心能力与学习习惯。在工具要素上，对评价主体、客体的改变也将决定工具要素即评价方案（模式）的相应改变。显然，"一张试卷"的工具要素不能涵盖学生学业水平评价。学生语数学业水平评价客体、主体、工具要素的全面改变，导致评价系统结构的相应变化，使评价系统从过去单一、平面、单向的评价关系，演变成了立体、多维、多元、更稳定的评价模式——"1+1+1"评价模式（图4.2、图4.3），即以"一张试卷"完成知识技能评价＋以实践操作完成一项关键能力评价＋以过程表现展评完成一项学习习惯养成评价。

三、主要做法

（一）模式基本内涵

第一个"1"，以"一张试卷"完成知识技能评价。

对于3—6年级而言，第一个"1"是知识和技能评价，重点在于基础知识和基本技能，总体形式还是一张优化后的试卷。对于1—2年级而言第一个"1"是指在真实的生活情境中通过游戏闯关的方式考查学生综合运用语数知识、解决实际问题的能力。

第二个"1"，以实践操作抽测完成一项关键能力评价。

核心能力指通过一张试卷无法检测，但对于学生当前语数学业水平发展非常重要甚至终身发展都重要的学科关键能力。

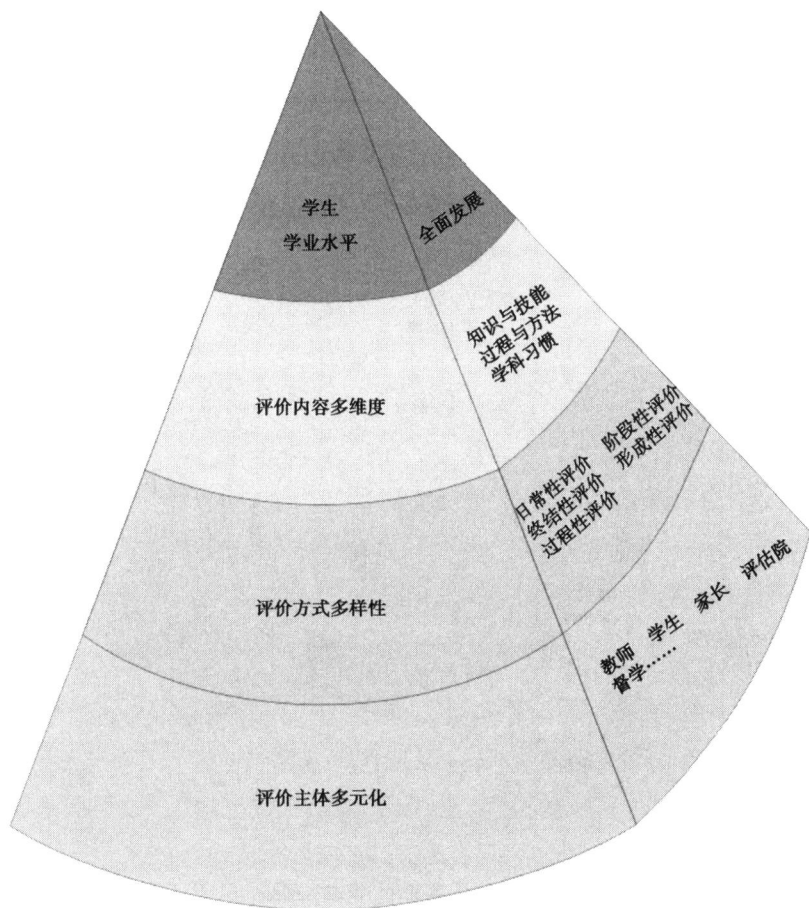

图 4.2　"1+1+1"学业评价模式结构立体图

第三个"1"，以过程表现展评完成一个学习习惯养成评价。

这里的学习习惯，包括每学期小学生必备的一个通识学习习惯、一个语文学习习惯、一个数学学习习惯。

（二）模式基本操作：一改，二做，三养

（1）"一改"：3—6年级的改，重点在优化"一张试卷"。首先是优化"一张试卷"的目标，即组织人员按照课程标准梳理所有年级语文、数学的评价标准，把学科评价标准提前公示给老师，让老师们把日常教学和期末评价有机结合，做到日常教学有的放矢，期末备考心中有底。其次优化"一张试卷"的命题方式，命题力求科学性、生活性和趣味性，不出偏题、难题、怪题。1—2年级的改，重点在于用真实生活的问题解决代替传统的一张试卷，重点在于语数知识有机融入真实问题的解决中。依据课程标准将考试内容转化为真实生活问题，加强和学生生活实际经验的联系，重视考查学生综合应用语数分析问题、解决问题的能力。

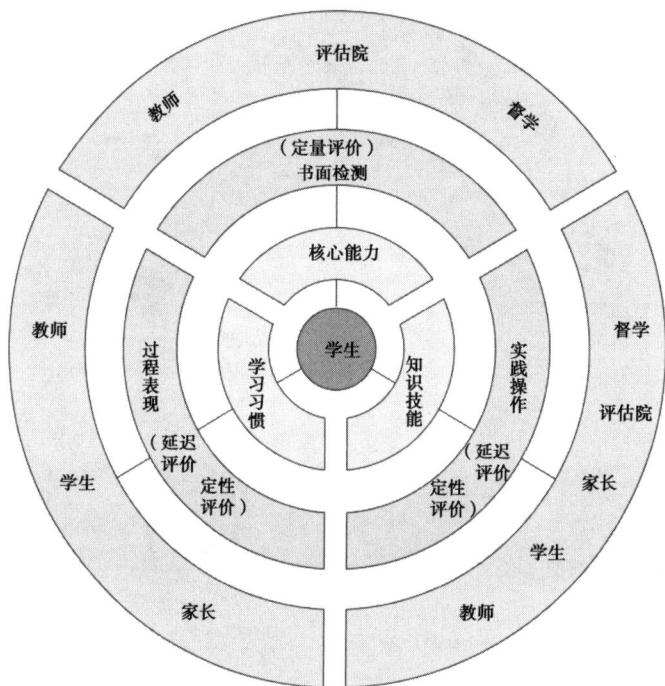

图 4.3 "1+1+1"学业评价模式平面图

（2）"二做"：首先确定核心能力。根据课程标准，结合不同年级学生年龄特点和知识基础制定各学科各年级核心能力双向细目表。各年级各学科负责人每学期选取 1 项核心能力进行重点培养，接受教导处组织的抽测。抽测形式以面试、动手操作、情境测试为主，主要由教师组织中高年级学生、家长义工等实施抽测，采取延迟评价，以等级形式呈现能力达标结果。

（3）"三养"：根据各学科不同年级学生发展所需要培养的学习习惯，每年重点培养一个通识学习习惯、一个语文学习习惯、一个数学学习习惯。每月根据学生学习习惯的养成情况，予以总结反馈。教导处结合每月教学月检进行检查公示。学习习惯的评价，主要采用定性的方式，以自评、互评、他评的形式，对学生的学习兴趣和学习习惯进行定性描述。第三个"1"不但采用延迟性评价，同时要求人人达标，人人合格。

"1+1+1"学生语数学业评价模式操作见表4.1。

表4.1　"1+1+1"学生语数学业评价模式操作表

评价内容	评价方式		评价方法	评价主体
第一个"1" 学科知识	改 一张试卷	3—6年级：改良试卷（怪、偏、难题） 1—2年：取消试卷，语数综合	书面测试 定量测试 定性评价	教师 高年级 家长
第二个"1" 关键能力	做 关键能力	实践操作、抽测完成、系列化	定量测试 定性评价 延迟性评价 书面测试	教师 高年级 同伴 家长
第三个"1" 学习习惯	养 学习习惯	过程评价、习惯养成、自主申报	定性评价 延迟性评价 档案袋评价	教师 高年级 同伴/家长

"1+1+1"小学语数学业评价模式通过评价工具、评价主体、评价客体等系统内的变化，使小学语数评价系统从过去以单一、平面、单向的一张试卷、一次考试为中心的评价模式向立体、多元、更全面的以学生发展为中心的模式转变。

（三）基本原则

（1）目标原则。本次实践紧紧围绕提升系统功能这个目标开展工作。正是由于系统中要素和结构的变化，对师生宝贵的时间和精力做了合理的分配和调整，特别是把我校优秀教师多年研究切实可行的自主教学行为变成全校老师都能完成及极具操作性的有效教学策略，特别是注重过程和结果，这些都很好地改善了教师的"教"和学生的"学"。

（2）延迟性原则。延迟评价改善了老师的评价观，即不再为此开展简单的分数比较，不再加重学生课业负担，而是把精力真正放在研究学生全面健康发展上。延迟评价减轻了学生的学业负担和心理负担，促使学生开展学习反思、持续获得学业成就感，学习动力得以保持。

（3）可操作原则。本模式改革所形成的实践方案3个（含语文、数学、综合学科）、教学指南 2 个（含语文、数学）、学科素养评价表 27 个（含各学科）、学科情感与习惯评价表 2 个（含语文、数学），均反复征求意见，具有很强的操作性和实效性。

四、主要效果

（1）评价系统的变化促进了小学语数学业评价的针对性和有效性。促进了"一张纸卷"这样单一的知识技能评价，变为集知识与技能、过程与方法、态度和价值观为一体的尽可能全面的评价。传统的"一张试卷"评价内容多以答案唯一的、记忆性、技巧性的知识内容为主。但一方面，学生能够背诵的概念、公式，并不等于学生真正理解并能运用；另一方面，学生在学习过程中重要的学科关键能力和学科学习习惯往往无法在"一张试卷"中被检测到。而不检测，就不"教"和"学"的现状，从另外一个层面造成了学生的学业水平没得到应有的发展和推进。"1+1+1"评价模式中三个"1"，不仅改善了原有的一张试卷的效应，同时把隐形的关键能力和学习习惯凸显出来，成为显性的"教"和"学"的目标，有效推动了学业水平的夯实和落实。由此，三个"1"的相互影响，有机融合，形成了一个良性循环体系，促进了系统功能的整体提升，推动了学生的学业水平发展。如一、二年级的第一个"1"的评价内容是语数有机融合解决生活中的真实问题，同时要求学生在小组中合作。对这样的评价，仅就学生如何适应并参加这种开放、动态、合作的评价形式，就已经大大丰富了过去的"一张试卷"中"知识和技能"的范畴。

（2）评价系统的变化有效改善了教师的"教"。一是大面积提高教师的教学水平。评价模式的建立，是少数优秀老师自己原来独自享有的教学成功秘密自选动作，现在通过评价模式的建立，逐渐变为全校老师都会的公开规定动作，由此，大面积提高了教师的整体教学水平。二是开发辅助工具帮助教师教学。学校组织优秀骨干老师对标语数课程标准进行校本化梳理，建立了学科关键素养评价体系，自主研发了《学科教学手册》《学科能力水平标准与教材内容标准双向细目表》《学科学习手册》《学科习惯手册》。三是考试内容前置，让"考""教""学"得到统整。每学期开学组织老师们学习本期的考核内容和考核方式，老师们把日常教学和期末评价有机联系，做到日常教学有的放矢，期末检测心中有底。四是评价变革推动教师教学改革和理念提升。淡化单一的"一张试卷"评价，突出关键能力和学习习惯的评价，让老师们在关注学业成绩的同时，开始关注学生作为"人"的全面发展，注重因材施教，尊重个性差异，从"见分不见人"到"见分更要见人"。五是评价促进师生关系和谐。评价模式中每个"1"都有明确的评价标准和切实可行具有操作性的教学策略，老师们不再为此开展简单的分数比较，不再通过简单重复的机械训练来加重学生课业负担，而是把评价的结果加以分析指导，重在为学生发展提供建设性的改进意见，师生关系得到明显好转。

（3）评价系统的变化有效改善了学生的"学"。一是评价主体的变化让学生不再紧张。变革后的评价主体，不再是老师，而是高年级的哥哥姐姐或者是同年级的爸爸妈妈。评价主体对应方式，也不是一位老师对几十名学生，而是一位评价员耐心细致地接待一位学生。二是评价内容的变化让学生的学习方式得到改变。评价更注重学科知识和生活的联系应用，注重学科知识解决生活实际问题的能力，注重取材学校生活、家庭生活、社会生活丰富多彩的实践活动，学生体验式、合作社、探究式学习方式不断增多。三是评价方式的变化让学习动力得以保持。严肃的"考试"变为动手动脑，变为对话和交流，变为合作闯关，激发了学生的参与意识，持续获得学业成就感。四是评价结果的变化减轻了学生的学业负担。第二、三个"1"的评价结果使用延迟评价：不合格可申请第二次补测。延迟性评价，给师生留出时间和空间查漏补缺，学业负担得到减轻。

（4）评价系统的变化有效推动了学校发展。在学生综合素质评估中，我校学生多项指标名列前茅，在近几年教学检测中一直保持前列。本模式惠及到学校访问的市内外同行，近3 000人。本模式作为重庆市评估院课题，受到评估院专家的肯定。本模式在北京新学校年会向小学、初中、高中推荐，受到肯定。本模式含方案2个（含语文、数学）、指南2个（含语文、数学）、学科关键能力评价表24个、习惯评价表18个（含语文、数学）、《学科教学手册》24册、《学科能力水平标准与教材内容标准双向细目表》24册、《学科学习手册》12册、《学科习惯手册》12 册。不断迭代，保持创新，纳入教学常规管理。目前，实行到 7.0版。2020 年 5 月，学校评价改革经验被重庆市教委作为重庆样本报送教育部。

五、进一步发展：建立注重生活融合的"1+1+1"学科育人评价体系

为进一步发挥评价促进学生成长、教师发展和改进教学实践的功能，开展注重生活融合的"1+1+1"学科育人评价体系，如图 4.4 所示。

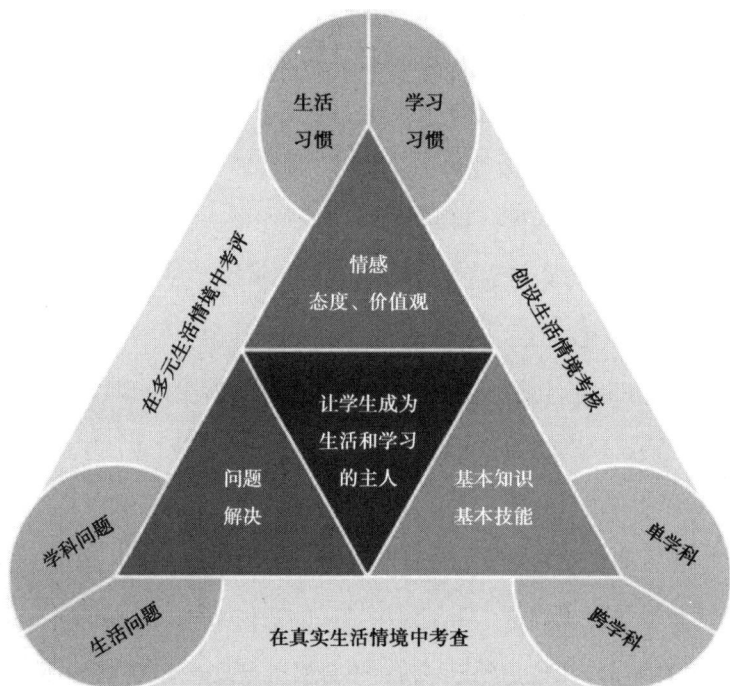

图 4.4 "1+1+1"学科育人评价体系

第一个"1"是在创设生活情境中考核知识技能。将生活中的知识技能等有机融入学生学业水平考核，通过生活化命题，创设生活化情境，尽量让学生在熟悉的模拟生活场景中检验知识和技能掌握情况。

第二个"1"是在真实生活情境中考查问题解决能力。将"考场"搬到家庭、社区、商场、交通枢纽等场地，通过全程录像、陪同观察、在线交流、同伴反馈、自我评价等方式，以尊重、包容、平等、理解的态度，让学生在真实生活中、自然状态下接受问题解决能力考查，作为学生学业水平试卷评价的重要补充。

　　第三个"1"是在多元生活情境中考评习惯养成。采取社区回访、家长访谈、线上调查、同学互助等方式，让学生自己以及教师、同学、家长、邻居甚至陌生人都有可能成为评价的考官，将学生学业水平由一次评价变为全程评价，将定时评价改为延迟评价，将单一评价调整为多元评价，让评价在生活中接受检验。

　　如，2021年秋季学期二年级期末学业水平评价中，重点考核学生语文识字、口语交际、课外阅读能力和数学计算、动手操作、解决问题、综合能力。学校创设超市购物模拟环境(图4.5)，通过学生在家长义工处读出评价表上购物清单内容、计算限时抢购时长、在购物情境中口语交际、选择指定重量和种类的糖果、帮助他人优化购物方案、协同伙伴购买货物、计算购物总价并支付货款、凭购物小票参加有奖问答、处理钱包遗失或商场火灾等突发问题，全面考评学生在真实生活情境中运用知识、解决生活实际问题的综合能力，真正实现学以致用，实现评价对"教"和"学"的导向和促进作用。

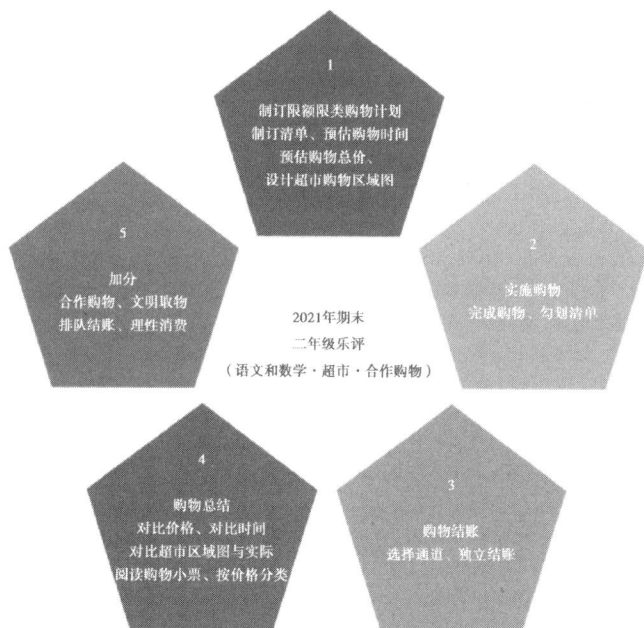

图4.5　超市购物模拟环境

玉带山小学的育人理念是"天地玉成，四季花开"。我们所有工作的起点是：给所有的花儿尊重和等待，静待不同的花儿在不同时节开放出不一样的花。虽然评价模式改革道路艰辛，但是基于对教育规律的深深敬畏和对学校育人目标的终极考量，我们坚信：评价之花，花开四季，四季开花。

"乐评第一站"，让评价走向生活

——小学一二年级学业水平评价探索

重庆市江北区玉带山小学校　余佳

一、当前小学低段儿童学业水平评价存在的问题

新课程标准对评价提出了新的理念与方法，倡导评价的主要目的是全面了解学生的学习历程，激励学生学习和改进教师教学。众所周知，小学低段一、二年级学业水平评价更多的仍是以量化为主的"一张试卷"的形式，这样的评价主要以学生的学习结果为依据。而低年级儿童活泼好动，注意力的持久性较差，思维中具体形象的成分占优势，他们所掌握的概念大部分是具体的、直接感知的。而"一张试卷"的书面检测，无法激励低年级儿童学习的欲望，使学生从对学习的好奇、热情，慢慢变得不自信、厌学，更无法全方位地考查低年级儿童的学业水平。

我们认为，低年级儿童评价方法的选择和运用应注意直观形象性和游戏活动性。基于这样的思考，在我校的学业评价体系中，小学低段一、二年级彻底改变了"一张试卷"的书面检测，2018 年推出"乐评第一站"以游戏闯关的形式来评估学生在语文、数学学科的学习成果，把书本上的知识融入活动中，把单纯的知识技能评价变为主题情境表现性评价，努力做到让知识融入生活，从而激发孩子的学习欲望，全方位地考核学生在学习中的体现。

二、多元化的评价目标

"一张试卷"主要考查知识与技能。而"乐评第一站"将学业评价置于生活情境中，充分展示学生在学习历程中的情感、态度、价值观、学习习惯及必备品格等，使评价目标多元化。

例如，学生的必备品格在"一张试卷"的评价中很难被发现，而在"乐评第一站"中随处可见。在第一关挑选糖果中，两个孩子发生了分歧，通过协商、谦让达成共识：果果毫不犹豫地拿起棒棒糖"选棒棒糖吧，又大又好看，还好吃哦"，原本想选泡泡糖的彬彬经不住劝说放下了泡泡糖说"好吧，听你的"。

在测评过程中不难发现：学生手牵手蹦蹦跳跳地参与测评；一个孩子流汗，

另一个孩子立刻用手中的评价表为他扇风；一个孩子挑选了喜爱的糖果后藏在自己身后舍不得寄出去，另一个孩子就耐心劝说，两人最后成功闯关……像这样鲜活的例子很多，这不就是学生必备品格的培养吗？

三、学科整合的评价内容

我们希望培养有好奇心、探究欲、充满兴趣、对生活有热爱的人。本着这样的想法，在评价内容设计上围绕语数学科核心素养，做到语数整合。将评价内容置于现实的生活情境之中，打开儿童的"五官"，从而激发学生作为主体参与活动的强烈愿望，同时将评价目的要求转化为学生作为生活主体的内在需要，让他们在生活中参与测评。

创设情境：暑假快要到了，乐乐打算挑选一些糖果寄给远方的朋友欢欢，你能帮他从表4.2中不同种类的糖果中选出一类，并顺利寄出去吗？请你和小伙伴组成二人小组，合作完成今天的任务。

表4.2　创设情境

	生活情境	评价内容
第一关　糖果屋	挑选糖果	语文：识字、写字、造句、口语交际——打电话 数学：正确分类整理；通过动手操作正确判断长方体、正方体展开图；能在认识常用面值的人民币的基础上，进行简单的计算，运用100以内的加减法解决生活中的问题
第二关　乐乐快递	选择包装盒	
	填写快递单	
	正确付费	
第三关　装车派送	打包装车	
	派送快递	

四、评价主体的转变

在传统评价体系中，学生都只是客体，被动接受评价。为了更好地展现评价目标的多元化，把评价主体还给学生，"乐评第一站"我们大胆放手让学生自己给自己"命题"，主动参与评价设计。

由于第一关每组学生选择的糖果种类不同、数量不同、大小不同、寄往的地址不同……这就直接关系到每一关题目的不同。

语文：识字、写字、造句、填写快递单。

数学：分类整理、选择包装盒的尺寸、正确计算费用、解决问题。

这一系列均不同，这不正是学生们自己给自己"命题"吗？

评价不仅要关注学生的学习结果，更要关注学生的学习历程。传统的评价模式，往往看到儿童的学科世界，却看不到儿童的生活世界。"乐评第一站"改变了以量化为主的传统评价，将一组组原本冷冰冰的数字转变为学生活生生的个性体现，使笔头上的知识运用于解决生活中的实际问题，让学生所学的知识真正发挥生活的价值，让评价走向生活。

第三节　语文教学评价与生活融合的实施案例

在生活中进行小学生综合素质评价的尝试
——玉带山小学一年级学生的期末评价活动设计

重庆市江北区玉带山小学校　胡保玲

一、设计意图

玉带山小学以"培养创造未来中国的学习者"为育人目标，开发了"第一站"课程体系，这是学校的一门必修课程，以培养思维活跃、眼界开阔、勇于探索、乐于实践的玉带山孩童为目标，尝试打通学科壁垒，加强资源整合。在评价体系改革方面，学校构建了立体多元的"1+1+1"学生语数学业评价模式，即以"一张试卷"完成知识技能评价；以"一项实践操作"完成学科核心能力评价；以"一个过程表现"完成学习习惯养成评价。一二年级则取消了"一张试卷"的评价，采用"乐评"的方式，通过在学校模拟超市、轻轨等场景，邀请家长们担当考官，让学生在这样的场景中完成任务，考查学生的知识与能力，尤其是学生将知识运用到生活中的能力。这样的评价开展了五年，不断进行修改和优化，得到学生、家长的大力欢迎，也得到社会各界的一致好评。通过这样的评价方式，鼓励学生将学到的知识运用到生活当中，也倡导家长引导学生把知识运用到生活当中。虽然这样与生活建立了连接，但情境模拟感觉还是束手束脚，学生、家长的感受没有充分调动起来。怎么才能让学生和家长的感受更加真实深刻呢？于是，我们进行了更加开放、大胆的改革，干脆把场景搬到生活当中去，依然让家长担任考官，而且是每一位家长担任考官，让一年级学生到真实的超市中去完成任务。

二、活动目标

（1）在"乐评"中考查学科知识的掌握情况。

（2）让学生在真实的生活情境中运用学到的知识去解决实际问题，真正体会到学科与生活联系的紧密性，对学生的综合素养进行全面评价。

（3）让家长担任考官，去观察、发现自己孩子的综合素质，反思对孩子的教育方式。

三、活动准备

（1）寻找学科知识点与生活实际问题之间的连接点。

（2）制定活动主题："小鬼"当家之超市购物。

（3）设计活动任务单：分为学生板块和家长板块。

【设计意图】

将整个活动融入学生喜欢的活动当中，让学生负责当家，为家里购买需要的物品，一来增加活动的趣味性，二来培养学生主动解决生活中的问题的意识。任务单学生板块主要是整个购物活动的流程；家长板块主要是评价要点及对学生的星级评定。

四、活动流程

（一）制订购物计划

1. 分一分

任务单出示三种不同类别的商品，蔬菜和水果类为孩子必选，其他类孩子自选。可以是任务单上面没有的商品，如果不会写字，孩子可以通过画画或写拼音自行添加上去，只要分类正确即可。

2. 估计价格

学生预估想要买的商品的总价格并在任务单上记录下来。

3. 预估时间

家长提供平时买这些物品大概会用多少时间，写在任务单上以便孩子参考。学生预估此次逛超市大概需要的时间并在任务单上记录下来。

【设计意图】

（1）培养学生做事的计划性。

（2）考查学生在生活中识字能力及给物品分类的能力。

（3）观察学生对时间的认识，培养学生的时间观念。

（4）观察学生对金钱的认识，培养学生的金钱观念。

（二）我会购物

（1）记录进超市的时间。

学生进入超市时看时间，并在任务单上记录下来。

（2）寻找商品。

学生自行购物。购物过程中，家长不主动给予帮助，让学生自己想办法解决遇到的困难。

（3）选择商品。

学生自行选择商品。家长观察孩子选择商品的习惯，看是否关注商品的相关信息（比如包装、品牌、价格、口味儿、生产日期、保质期等）。

【设计意图】

（1）观察学生是否能主动思考并尝试解决问题。

（2）观察学生是否有良好的购物习惯，比如是否有关注包装、品牌、价格、口味儿、生产日期、保质期等。

（3）观察学生的文明购物习惯，比如有不要的商品是否有主动归还至原处等。

（4）对不擅长购物的学生起到引导的作用。

（三）我会算账

1. 结账付款

家长观察学生买好商品后结账是否会有自己的思考，比如考虑在哪个通道排队结账最快，能否通过计算等方法顺利结账。

2. 预估价格与实际相差

学生将实际价格和预估价格进行比较。家长询问学生觉得造成这样结果（估计低了或估计高了）的原因。

3. 预估时间与实际相差

学生填写出超市的时间，将实际用时和自己的预估用时进行比较。家长询问学生觉得造成这样结果（超时或省时）的原因。

【设计意图】

（1）考查学生运用数学知识计算的能力。

（2）观察学生在生活中观察、思考的能力。

（3）培养学生的时间观念和金钱观念。

（4）德育考查：观察学生文明购物的习惯，如是否归还购物车或者购物篮等。

（四）我会总结

1.整理商品

学生结合购物小票和商品，说一说购买了哪些商品，所购商品与购物清单上是否相符，如有变化，说说为什么。

2.按价格对商品进行分类

学生将商品按价格再次进行分类：价格超过 10 元的有哪些？价格在 10 元以内的有哪些？学生在任务单上书写出来，要求书写正确、工整。

3.画一画

学生在任务单上相应板块画一画：可以是超市区域分布图，也可以是学生在超市里发现的自己最感兴趣的地方，并对家长描述一下画面。

【设计意图】

（1）考查学生运用数学知识分类的能力。

（2）考查学生正确抄写及书写工整的能力。

（3）培养学生的金钱观念。

（4）观察和培养学生在生活中观察、思考的能力。

（五）总结反思

（1）学生和家长进行交流讨论，如学生购物过程中遇到哪些困难，怎么解决的，有没有更好的办法，自己有哪些做得很好的地方等，家长则可以对学生进行评价、引导，同时反思自己对教育孩子有什么值得改进的地方等。

（2）将总结反思记录在任务单上，反馈给学校老师。

【设计意图】

（1）让学生和家长进行梳理，发现自己的优点和不足。

（2）让老师了解通过此次活动学生和家长的感受。

五、活动总结与反思

这一次评价活动，学生特别喜欢，家长也非常认可。这样的评价方式，既对学生的知识文化进行考查，又对学生的生活能力进行展示，还对学生的德育进行考查，摆脱了一张试卷评价的枯燥乏味，让学生的综合素质可视化。整个过程完全是真实的呈现：任务是真实的，学生的收获和成长是真实的，从而促进学生全面发展；家长最终的感悟也是真实的，从而更好地引导和教育孩子。

回归生活　快乐评价

——玉带山小学"乐评第一站"二年级活动设计

重庆市江北区玉带山小学校　陈娟

一、活动背景

基于我们学校"走向世界的第一站"办学理念和"培养创造未来中国的学习者"的育人目标，本学期期末，我校继续开展了"乐评第一站"。这也是我们从一年级开始承办的第三次"乐评第一站"工作。对于低段的孩子来说，把紧张的期末考试变成贴近生活的快乐评价无疑是快乐的事情。

作为乐评第一站的低段负责人，我始终遵循学生身心发展特点、活动学习认知规律和心理需求，通过游戏闯关的方式，趣味化、游戏式检测学生的语文的听、说、读、写的能力；数学的计算能力、动手操作能力和解决问题能力，让学生在真实的生活情境中运用知识、解决生活中的实际问题，提升孩子在评价过程中的活动体验、幸福感体验。

二、活动内容与方式

（一）多学科融合评价

以 2018 部编版一二年级义务教育教材的知识为基本内容，本次乐评活动我们继续把语文"识字写字、朗读、口语交际"几个方面以及数学中"计算能力、解决问题、综合能力"几个方面，甚至包括综合学科的相关知识融入进来。

（二）评价内容及方法

本次"乐评"为学生用步行的方式到附近你想去的地方。每个学生拿着任务单和评价细则，和家人一起完成任务。

第一关：我是认路小能手。

出发前，学生要拿出手机，点开导航，搜索目的地的步行路线图。然后正确地说出途经哪些地方（从家出发，途经……最后到哪里），并且还要根据出发前的时间和到达目的地的时间算出步行时间。这一关，是测评学生的语文识字能力和数学的计算时间的能力。乐评评价表如图 4.6 所示。

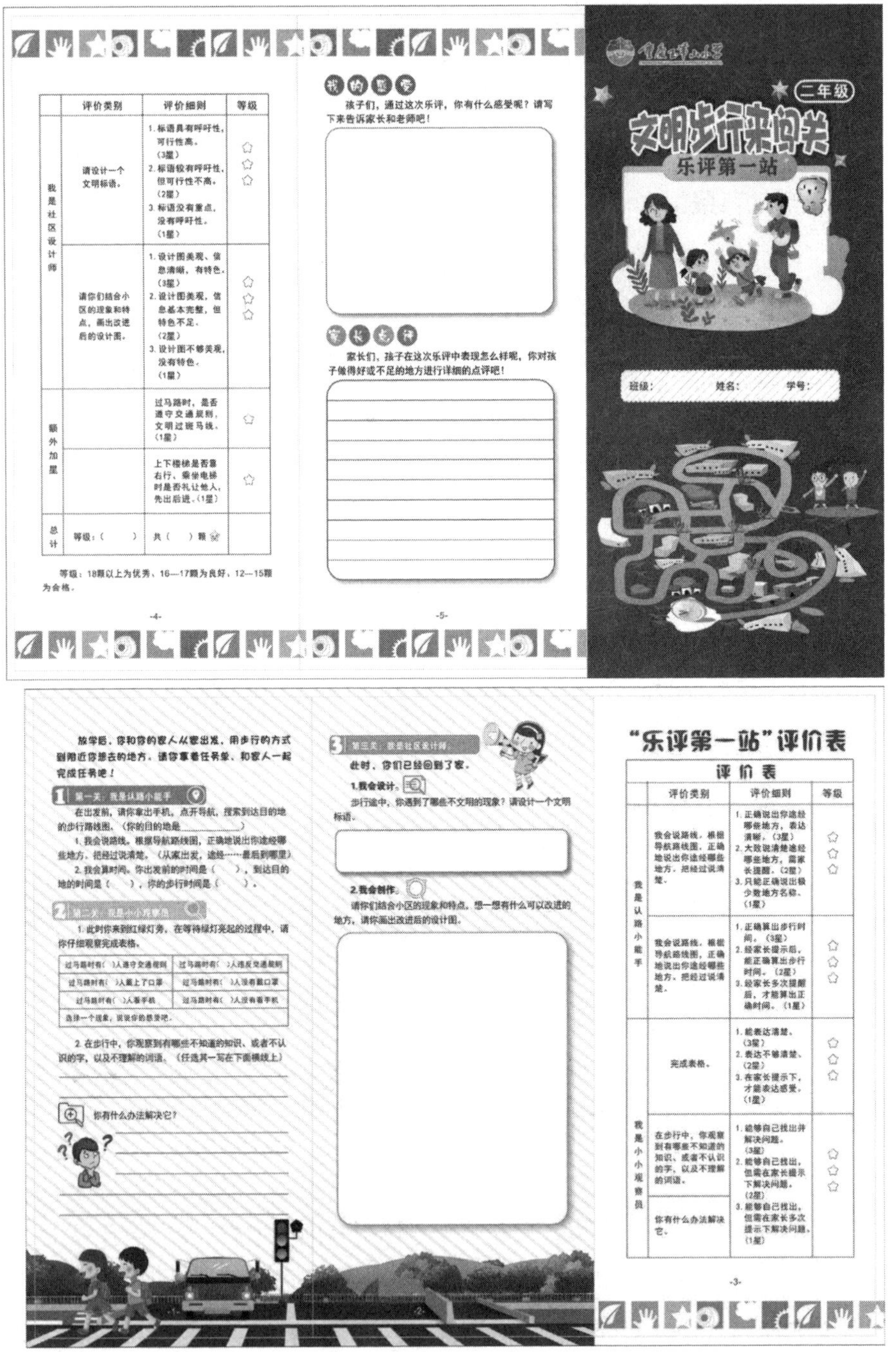

	评价类别	评价细则	等级
我是社区设计师	请设计一个文明标语。	1. 标语具有呼吁性，可行性高。（3星） 2. 标语较有呼吁性，但可行性不高。（2星） 3. 标语没有重点，没有呼吁性。（1星）	☆☆☆
	请你们结合小区的现象和特点，画出改进后的设计图。	1. 设计图美观、信息清晰，有特色。（3星） 2. 设计图美观，信息基本完整，但特色不足。（2星） 3. 设计图不够美观，没有特色。（1星）	☆☆☆
额外加星		过马路时，是否遵守交通规则，文明过斑马线。（1星）	☆
		上下楼梯是否靠右行、乘坐电梯时是否礼让他人，先出后进。（1星）	☆
总计	等级：（ ）	共（ ）颗☆	

等级：18颗以上为优秀、16—17颗为良好，12—15颗为合格。

-4-

我的感受

孩子们，通过这次乐评，你有什么感受呢？请写下来告诉家长和老师吧！

家长点评

家长们，孩子在这次乐评中表现怎么样呢，你对孩子做得好或不足的地方进行详细的点评吧！

-5-

二年级

文明步行来闯关

乐评第一站

班级： 姓名： 学号：

放学后，你和你的家人从家出发，用步行的方式到附近你想去的地方，请你拿着任务单，和家人一起完成任务吧！

第一关：我是认路小能手

在出发前，请你拿出手机，点开导航，搜索到达目的地的步行路线图。（你的目的地是________）

1. 我会说路线。根据导航路线图，正确地说出你途经哪些地方，把经过说清楚。（从家出发，途经……最后到哪里）

2. 我会算时间。你出发前的时间是（ ），到达目的地的时间是（ ），你的步行时间是（ ）。

1. 此时你来到红绿灯旁，在等待绿灯亮起的过程中，请你仔细观察完成表格。

过马路时有（ ）人遵守交通规则	过马路时有（ ）人违反交通规则
过马路时有（ ）人戴上了口罩	过马路时有（ ）人没有戴口罩
过马路时有（ ）人看手机	过马路时有（ ）人没有看手机
选择一个现象，说说你的感受吧。	

2. 在步行中，你观察到有哪些不知道的知识、或者不认识的字，以及不理解的词语。（任选其一写在下面横线上）

你有什么办法解决它？

第三关：我是社区设计师

此时，你们已经回到了家。

1.我会设计。

步行途中，你遇到了哪些不文明的现象？请设计一个文明标语。

2.我会创作。

请你们结合小区的现象和特点，想一想有什么可以改进的地方，请你画出改进后的设计图。

-2-

“乐评第一站”评价表

评价表			
	评价类别	评价细则	等级
我是认路小能手	我会说路线，根据导航路线图，正确地说出你途经哪些地方，把经过说清楚。	1. 正确说出你途经哪些地方，表达清晰。（3星） 2. 大致说清楚途经哪些地方，需家长提醒。（2星） 3. 只能正确说出极少数地方名称。（1星）	☆☆☆
	我会说路线，根据导航路线图，正确地说出你途经哪些地方，把经过说清楚。	1. 正确算出步行时间。（3星） 2. 经家长提示后，能正确算出步行时间。（2星） 3. 经家长多次提醒后，才能算出正确时间。（1星）	☆☆☆
我是小小观察员	完成表格。	1. 能表达清楚。（3星） 2. 表达不够清楚。（2星） 3. 在家长提示下，才能表达感受。（1星）	☆☆☆
	在步行中，你观察到有哪些不知道的知识、或者不认识的字，以及不理解的词语。 你有什么办法解决它。	1. 能够自己找出并解决问题。（3星） 2. 能够自己找出，但需在家长提示下解决问题。（2星） 3. 能够自己找出，但需在家长多次提示下解决问题。（1星）	☆☆☆

-3-

图 4.6　二年级上期乐评评价表

第二关：我是小小观察员。

在这一关中，学生会来到红绿灯旁，在等待绿灯亮起的过程中，仔细观察完成表格。

准备过马路的男女各有多少人？	（　）名男性（　）名女性
有多少人取下了口罩？	（　）人
有多少人看手机？	（　）人
说一说，你有什么感受？	

在步行中，还要考查学生是否有观察到有哪些不知道的知识、不认识的字，以及不理解的词语。回家后还需要学生有好的办法解决它。

第三关：我是社区设计师。

学生回到家后需要回顾整个过程中遇到了哪些不文明的现象，并设计一个文明标语。还要结合小区的特点设计一幅文明小区宣传图。

活动总共分为三关，每闯一关，家长都会根据学生的表现给学生画星。例如在第一关中，学生能根据导航路线图，正确说出途经哪些地方，且表达清晰流利的就能得3颗星；如果是能大致说清楚途经哪些地方，还需家长提醒完善的就能得2颗星；如果只能正确说出极少数地方名称，就只能得1颗星；当然，完全不能说出者就没有星。

三、前期培训

前期我们除了制作方案，培训各班的班主任，培训家长，让家长知晓整个活动的流程，还需要家长配合学校公平公正地给学生评价。于是，我们把活动的流程制作成PPT，并加上音频对每一关，每一个细则以及家长要注意的细节进行阐述，各班的班主任再对各班家长进行线上家长会培训。

四、后期评价

本次"乐评"活动开展得很成功，不仅学生收获很多，家长也非常支持，提出了很中肯的反馈意见，有的家长还拍摄了短视频，各班老师对此进行了总结。比如2年级10班的陈××家长说："孩子通过此次乐评活动学到了很多东西，在准备的过程中知道要提前了解许多注意的事项和需准备的东西。计算能力在这一环节中得到了提高，在一系列具体过程中，观察很仔细，认真。发现了平时生活中容易忽略到的很多细节，完成活动之后，能在第一时间回家总结并填写好表格，希望以后有更多这样形式的实践活动，能让孩子在实际活动中去学习，发现更多有意义的事情，学习等各方面能力得到更大的提升。"

　　总之，这次"乐评第一站"回归到生活，开展得很成功，期待下一次的"乐评"能办得更好。

附 录

生活教育中的成长战"疫"

——重庆市江北区玉带山小学疫情期间"停课不停学"线上教学纪实

重庆市江北区玉带山小学校　万红云　吴晓容　向思洁　张文静

2020 年新春伊始，一场不期而至的新型冠状病毒打乱了人们的日常生活，也打破了学校的常规管理秩序。为阻断疫情向校园蔓延，确保师生生命安全和身体健康，教育部做出了中小学延期开学期间"停课不停学"的有关工作安排。对此，我校积极响应上级指示，在认真贯彻落实相关文件精神的基础上，结合我校实际情况，坚持立足生活教育，从"学校管理、教师教学、学生学习"三个层面推进此项工作，确保了疫情期间近 3 200 名学生"停课不停学"。

一、学校层面——变"管"为"推"

"停课不停学"如何开展？谁也没有经验。为保障"停课不停学"工作的有效落实，玉带山小学在学校层面着重做好三点。

1. 做好顶层设计

我校针对学校的信息化水平、教师的教学需求、学生的家庭状况、家长的辅导情况、学生的学习需求多等方面开展调研。学校教导处组织各学科主任、各教研组长开展从上到下、从下至上的反复多轮商议，制定出学校"停课不停学"实施方案。方案从教学内容、教学方式、教学反馈及资源平台推荐等多个方面进行顶层设计，细化到每个年级、每个学科，操作性强，让老师们有章可循、不盲目、不恐慌。

2. 做好沟通协调

教师是"停课不停学"质量保障的根本要素。但是疫情期间，每位教师都在家里开展教学工作。以往的教学监测和考核方式显然不能实施。教师的教学质量究竟如何？教师能够被信任吗？教学质量如何得到保障？教学管理该如何开展？面对这些问题，学校启动教师发展访谈工作，即"两轮四步谈话法"，具体是把学校 160 名教师平均分给 25 名干部，确保每一位教师能够得到一位干部的单独的、具有针对性的关心和帮助。具体采用"校级干部对每一位中层干部，校级及中层干部对每一位老师"的方式，通过电话、微信、QQ 等方式深入了解每一位老师们在各自家中的疫情防控工作情况、延迟开学期间"停课不停学"工作的实施情况，听取老师们本学期工作的打算及对学校工作的思考和建议，对老师们疫情期间生活、工作的困难，给予关心与帮助。在疫情的特殊时期，每一位似乎是单枪匹马奋战在"停课不停学"一线的老师，都感受到了团队的支持，不再孤独，充满干劲。

3. 做好每日通报

每周星期六，教导处定时召开例会，总结上周工作情况，部署下周工作事宜。例会后，各学科主任召开教研组长会议，了解各年级实施情况，并传达教导处会议精神。各教研组再利用每周一的教研活动时间召开年级教研会议，落实工作。采取"分级管理—层层负责—强化落实"的管理模式，确保每个教师明确学校线上教学要求，在实践中落实线上教学精神。

为了更好地推进老师们在线上教学过程中的互助互学，更好地展示老师们线上教学的风采，同时也为了及时发现问题及时调整，每天各个年级各个学科都会对教学情况进行总结汇报，并在全校及时通报。老师们通过通报，反思自己的教学，汲取他人经验，不断地改进教学，提高教育教学质量。

二、教师层面——变"教"为"学"

线上教学对教师的信息化素养和信息化能力提出了新的挑战。如何在一方屏幕背后坚守教育"战场"？如何根据线上教学特点设计出系统的线上教学目标和教学内容，调整教学方式？我校老师开展了诸多有益探索。

1. 集体研修，资源共享

各年级各学科教研组长牵头梳理一周的教学计划，商议制订每日学习任务单，包括教学内容、推送的教学平台、学生要完成的作业等项目，再将计划表推送到年级，这保证了各年级各学科的教学一致性，推进全年级各班齐头并进，并对年轻老师有一定的教学指导性，也为年级组的集体教研提前打下基础。在共性的计划表基础之上，教师可以针对班级情况进行自我调整，达到教学效果最优化。

2. 线上研学，攻坚克难

学校各学科组通过微信群停课不停研，且思且行且成长。

各教研组通过腾讯会议、QQ 群等方式开展丰富有效的线上教研活动。集体备课坚持"三步走"：第一步，个人精心研备。第二步，网上集体研备，共享资源。第三步，个人对集体研备进行消化、吸收，结合学情、班情，最终形成自己的个性化备课、形成适合本班的教学设计。

学校教师培训中心——紫荆学院建立了"疫情间新教师班班组建设"骨干群，作为疫期工作"指挥部"；建立学员班级群共享空间，为新教师提供成长资源库和交流平台。新老师对线上教学问题群策群力；老教师发挥"传帮带"作用，指导新老师线上教学。紫荆学院对新教师开展调研，为新教师帮扶工作提高了针对性和实效性。

3.互助共学，自主进步

宅家学习打破了传统的教学模式，无形中拉大了老师和学生的距离，然而老师们有各种妙招缩短师生距离，名副其实地实现停课不停学，停课不停成长。

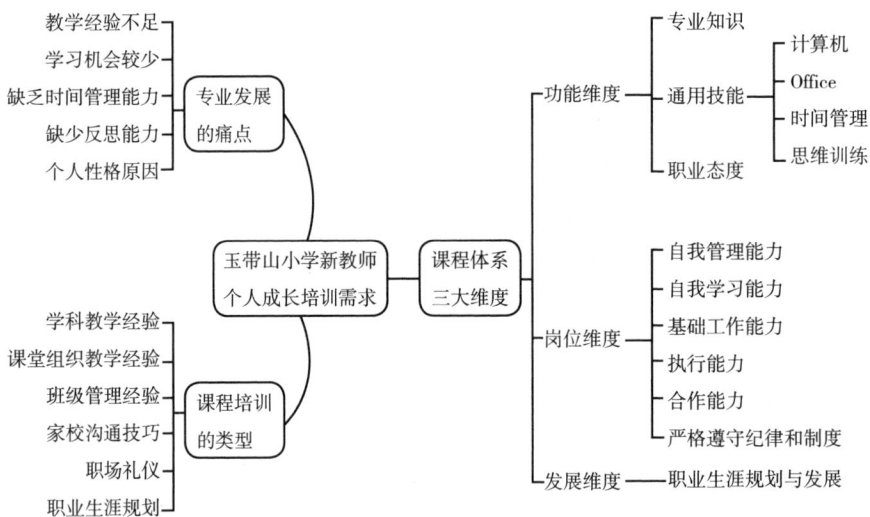

付廷英老师鼓励学生争当答辩小博士，利用班级微信群与学生互动，促进学生主动参与学习，落实重难点，还特别关注对学困生和特殊学生的帮扶，注重与家长的沟通交流。

向思洁老师利用"班级优化大师"平台，分小组落实学习，让小组长成为老师小助手，针对组内学困生主动答疑解惑。

四年级同学在线与同伴、与自己的家长组建了合作学习小组，实现了"互联网＋场景学习"智慧课堂，成为和同伴共同学习的自主学习者。

三、学生层面——变"学"为"用"

学校一直推行生活教育。生活教育，就是希望能够打通儿童的生活世界和学科世界，就是希望能够打通儿童的学校生活、家庭生活和社会生活，就是希望让学科走向生活，让生活反馈指导学科。本次疫期，就是一次来自真实的生活世界的重大事件，就是打通学科世界和生活世界的重大契机，也是打通学校生活、家庭生活、社会生活的重大契机。由此，我们开展了基于学科走向生活，从学校生活走向家庭生活、走向社会生活的相关探索。

1.《寒假生活》是本"真生活"

学校为每个学段的学生精心设计了基于真实生活的《寒假生活》。内容重点聚焦家庭生活与社会生活，分为"我的动与静、我家的温暖生活、我家的文化生活、我家的创意生活"等五篇。每篇以项目任务的形式将"德智体美劳"五育目标及学校"六会、三力"的育人目标融入其中。设置的活动任务以认识、体验、展现、创造、共享美好生活为逻辑导向，兼顾艺术、体育、娱乐、科技等方面，全面促进和提升综合能力素养。为引导家长成为儿童成长的陪伴者，《寒假生活》把家长全面带入，《寒假生活》的主体定位为学生和家长。因此，《寒假生活》中的每项任务设有"请教家长""家长的意见""我与父母的感言及评价"等提示。每一次任务，就是一次美好的亲子时光，就是一次共同成长的契机。

以四五年级《寒假生活》为例，在"我家的文化生活"板块，我们设计了"解读一个新闻事件"的任务。本次疫情，就是学生真实生活中的极大新闻事件。我们的学生就是每天关注疫情的相关新闻报道，和家长、老师、同学开展疫情的相关问题、话题的研究、辨析活动。

2.学科走向生活，学以致用

我校根据实际情况，为学生提供了包括复习巩固知识、卫生健康、疫情防范、经典文学作品阅读等在内的网上学习资源及线上辅导，推出利用网络平台开通线上学习渠道，各学科根据疫情设计课程，让学习走向生活。让学生在"停课不停学"

期间，树立正确的价值观念，掌握自主学习方法，做线上学习的小主人。

道德与法治：关注疫情，做好学生心理建设。

语文学科：关注疫情，发现身边"最美逆行者"。

美术学科：抗疫生活美术创作系列线上展。

体育学科：坚持每日锻炼打卡，体育运动与家务劳动相结合。

科学学科：带领学生做馒头、发掘科学饮食原理。

英语学科：结合生活中的各种话题，如"三八"妇女节、饮食等，开展话题式学习。

信息技术学科：利用电子设备关注疫情发展。

突如其来的疫情给我们带来了一次线上教学的全新冲击。"停课不停学"，停的是课，不停的是教和学，不停的是玉带山小学老师的责任，不停的是玉带山小学师生的成长。疫情期间，我们将进一步完善线上管理模式，优化线上教学实施方法，落实教师学生需求，打好疫情期间的"教育保卫战"。

注：重庆市教育科学规划课题"疫情背景下小学生活教育课程资源的开发与利用研究"（课题批准号 2020—YQ—16）